ALEBRIJES

-La Audacia
de Los Sueños-

Poesías y
Narraciones

Vicente Carballo

Título:
ALEBRIJES
© Vicente Carballo

Diagramación: El-Periódiko
Diseño Carátula: Vicente Carballo
Corrección: Katleya
Asesor de Estilo: Suscitar

Copyright © 2016
By Vicente Carballo
All Rights Reserved

Library of Congress
Control Number:
TXu001934203

ISBN 9781365181214

11 10 9 8 7 6 5 4 3 [2] 1
El número [en] corresponde a la
Versión revisada de ésta edición

Edición por Encargo
Primavera del 2016

Impresión y
encuadernación
www.lulu.com

ABZ Prensa
Escrito en Texas
Printing in USONA

Este libro se compuso en
fuente Palatino Linotype
En papel reciclable
libre de ácidos.

Prólogo

EL POETA PUEDE FUGARSE, PERO NO ESCAPAR DE SÍ MISMO

Cuando leemos los versos de Vicente Carballo algo del alma de todos ellos encuentro porque Vicente es hombre de mente bien labrada, en su inquietud de conocer lo humano y lo divino.

No hay porque repetir que la poesía es arte y no ciencia, sin embargo si nos sumergimos en los misterios del alma, del yo, no sólo es expresión de emociones, es ciencia aunque jamás el psicólogo llegue a poder definirla. Como las bellas artes, la pintura, la música, el canto, la poesía requiere unas reglas que obligan.

Sólo se salvan los grandes poetas que poseen un talento innato, que los acompaña en el momento que, sin pensarlo, sin someterse a técnicas, el verso brota, el entusiasmo estalla. Algunos llaman ese estado espiritual inspiración. Sin inspiración, ese don, ese estado en que se siente una especial felicidad al producir la obra de arte de modo rápido sin esfuerzo. Vicente Carballo tiene la sabia comunión con la poesía y la inspiración.

En muchas ocasiones hemos contemplado que las credenciales de poeta se regalan en forma festinada y hasta crean academias y se reparten premios. Pero en don poético se recibe naturalmente, como una especie de fatalidad que pesa, oprime, que se instala sin pedir permiso en el alma cuando es verdadero y profundo. No se poeta por el consentimiento de amigos. Ni por momentos felices de los años juveniles. La poesía es una jerarquía.

3

Vicente Carballo es poeta. Y lo será aunque se lo prohíban. Aunque en cualquier día tormentos cotidianos diga que ya no es poeta. No hablo de escuelas para catalogar a Vicente, el ha inventado su poesía. Porque es poeta aunque alguna vez lo haya dudado.

No hay un solo poema de La Fuga Inevitable en que no podamos encontrar un acierto que nos conmueva. En todos encontramos un verso nuevo. Todos revelan un esfuerzo. No se atan a nada ni a nadie, jamás el verso ha sido más libre. Pero en su rebeldía hay musicalidad, sin la cual el idioma de Cervantes no es poesía.

En este libro encontramos la inventiva poética sin caer en la acrobacia métrica. Nada es artificial. Por supuesto si el verso sale a raudales el poeta puede pulirlo al tiempo que ha de evitar que las palabras, por pecar de correctas, sean frías. Mejor caer por la prisa que por el rebuscamiento. Para evitar el bostezo gris de la corbata, de los simétricos días de oficina. Vicente Carballo pertenece a la mejor tradición del recitar cubano, del Cucalambé, de Heredia, de Plácido de Juan Clemente Zenea, Mendive... de José Ángel Buesa.

No pretendo de hablar de la poesía de Vicente Carballo porque es mi amigo. Lo he visto hablar con la emoción del trovador embravecido. Del ciclón que derrumba casas y árboles, del ateo que busca a Dios, del aguacero que nos obliga a refugiarnos a la sombra de un árbol de la niña que no olvidamos y no sabemos porque. De la primera muchacha que nos robó un beso. De un pueblo remoto de calles tortuosas o casas que nunca abrirán una ventana. De alguna fulana, hoy gran dama, que olvidamos en el camino de la vida. Y entonces el lector empieza a comprender que en el fondo de un verso hay la lluvia que un domingo cualquiera que nos detuvo el paso, de un aire frío que nos sorprendió un invierno. De un amor. De todos los amores, de una mala noche que la tiene cualquiera. Que todas las mujeres son iguales...menos una. De la muerte de una abuela, del recuerdo del padre ausente para siempre. En fin, de toda la tristeza que nos lanza en la vida hacia la nada. Y nada más. Nada más comentaremos de la Fuga Inevitable. Que sea el lector el lector que diga la última palabra.

Emilio Martínez Paula
De La Academia Americana de La Lengua

La Fuga Inevitable

- Poesías -

Págs. 6 a 66

Haber Estado Allí

- Narraciones -

Págs. 67 a 127

5

La Fuga Inevitable

Poesías

La Fuga Inevitable

Para vivir un poco a mi manera
no me importó lo absurdo de aquel sueño.
Mi corazón, entonces, como un leño,
quiso ser consumido por tu hoguera.

Fui mucho otoño por tu primavera,
mucho cansancio fui para tu brío;
pero llegó la tarde y el hastío
y también el final de una quimera.

Más por el éxtasis de aquel momento,
poco pudo importarme el sufrimiento
de saber de qué todo acabaría.

Con el rudo desdén con que hoy me ignoras
y la fuga, inevitable de las horas
fluyendo por tu ausencia cada día.

La Soledad

En realidad
hay mucha soledad
alrededor del hombre.

Soledad de perfil
de cuerpo entero,
microscópica
extática en su oficio.
Lunes que nunca retrocede,
amigo ausente para siempre,
periódico leído,
teléfono que ya no nos contestan.

Una canción
que no nos dice nada.
Olvidar arrancarle al almanaque
las hojas
de los últimos tres meses.
El cartero
que nunca nos visita.

Ver la cadena de pasear
el perro,
que nos dejo tan quietas las mañanas,
en realidad,
hay mucha soledad
alrededor del hombre;
que no mitiga la mayor presencia
ni el vórtice de viva muchedumbre
la soledad llego para quedarse.

El Éxtasis Fugaz

Casi al final, sin alcanzar la meta,
con el tedio me voy sobre la grama
a contemplar la tarde que derrama,
su lluvia de silencio. En la discreta

beatitud de los campos se perfilan,
lejanas cumbres y apacibles llanos.
Allá el trigal, dos árboles ancianos
y grullas en bandadas que desfilan,

por la comba amplitud del firmamento,
las nubes resbalando hacia el poniente,
donde el sol se desploma moribundo.

Las sombras van llegando lentamente
y en la magia fugaz de aquel momento,
yo prosigo sin rumbo por el mundo.

El Río Tenebroso

Nos duele recordar
algunas veces
sobre todo,
cuando llega el pasado
como una ola gris
que arrastra los desechos
desde lo mas recóndito
del océano del alma,
no queremos saber
que todo estaba allí,

pero basta un solo pensamiento
y cobra vida, el río tenebroso,
como una arteria,
con sus olas de sangre.

Atraviesa la noche,
nos petrifica saber
de que pueda existir;
esa constancia
de que fuimos inexorablemente
vulnerables o
monstruosamente viles.

Empiezo a Despertar

Y cuando dejes de golpearme
te mostraré mi gratitud ilesa.

Te mostraré que guardo tus migajas.
-¡siempre supiste donde no encontrarme!-
Lo supieron tus ánforas sanguíneas,
tu fervoroso NO!
Tus monosílabos.

Empiezo a despertar
para mi pena exacta,
compadeciendo mi lealtad mamífera
siempre pendiente y destinado.

Solo, yazgo
desarraigado,
opaco,
como un pez en la arena,
horizontal,
extático,
sin una gota de tu océano.

Viento de Dios

Amor viento de Dios, gracia inaudita,
transparente de angustia en tus cristales,
azota con tu lluvia mis rosales,
¡cansados de esperar tu agua bendita!

Mitígame esta sed, esta infinita
desolación, que me dejo su ausencia,
y si no puedes quitarme esta dolencia
¡fulmíname en el rayo que te habita!

Amor viento de Dios, por ti me veo
es este mar de lubricas guadañas
presa de la pasión y del deseo

-que son de ti, con lo que nos engañas-
encadenado como Prometeo
mientras que me devoran las entrañas.

Vulnerable de Amor

¿Quién dirá una buena
palabra de mí?

¿Quién dirá luzbel
a mis espaldas?

Vulnerable de amor,
me dicen: ¡Basta!

Intuyo, que estoy
en mi sepelio
reducido
ecuánime
como otras veces,
bajo el árbol
de la perfecta sombra
abro las alas de la luz
al descender al infinito abismo.

El Oficinista

Si tú supieras
cuánto te conozco,
antropoide del tedio y la lágrima,
en la audacia febril
de tus zapatos;
con sus caminos nunca recorridos.

En el bostezo gris
de tu corbata
de simétricos días de oficina.

Te busqué con ahínco
un escondrijo,
un pliegue subrepticio;
pero eres solo un uno,
de absoluta simpleza.

Creado para la tecla
el papel y la tinta.
Por tu entrega puntual
se alegran los relojes,
y la expansión del tiempo.

Tu uno multiplicado
por todas las potencias
puebla el mundo.

Absurda Rebeldía

Absurda rebeldía
la de esta pena,
como un río invisible
arrastra su fatiga
hasta tu puerta;
y tú, de perfectísimos
silencios,
me sueltas tus enjambres…

Hormigas subterráneas
del recuerdo;
que transitan
de segundo a segundo
mis minutes
las horas de mis días
los días de los años
amenazándome la eternidad.

La Búsqueda Infinita

Un hombre busca a Dios,
lo busca boca abajo,
y a las siete,
en los días bisiestos;
y lo busca:
en cada pulsación
del que agoniza
lo busca en las letrinas,
y por el filo de las funerarias.

Un hombre busca a Dios
con tanto ahínco,
que hasta toca las puertas
de los templos;
y se va con su brújula maltrecha
a la sarna del perro callejero
y al salivazo del primer blasfemo.

Un hombre busca a Dios
lo busca al tacto
lo busca al norte,
hasta volverse sur
y lo sigue buscando,
sabiendo exactamente
no encontrarlo…

– pero quizá lo encuentre…

La Incógnita

Esto es sólo un instante,
después sin advertir el cambio,
sin luegos por venir;
el enigma,
el cansancio cuadrúpedo,
aquellos, los ausentes
los que faltaron a la cita.

Cada día importándonos menos
desarraigados,
necrofílicos,
para quedarse con los que se van
sin un reloj,
un código postal;
encallado
en el laberinto de las horas.

Tan lejos del océano.
Este señor de las enciclopedias
se ha detenido lentamente
hasta quedar perfectamente inerte.

Don Juan de Los Palotes

Si yo me llamara Anselmo,
viviendo
en otra casa y otro pueblo;
sin un amigo que se llama Pedro,
sin mi sombrero mi bastón
mis otras nadas.

Nacido en marzo once del 40 y pico,
con mis múltiples fobias.
Desde el lunes sin tregua
hasta el domingo.

Miope, mordaz, ingenuo, circunspecto.
Alegre a veces
pero siempre triste.

¿Qué pudiera importarle
a un transeúnte.
Que nunca ha de llamarme
por mi nombre?

Si yo no me llamara Anselmo
me llamaría Juan de Los Palotes.

Transición

Resulta que de ir muriendo
se muere.
Cesan las pulsaciones térmicas
los arroyuelos,
las intrincables inexactitudes,
y dejamos de ser
en todas direcciones.

Mucho antes
del alba y de la noche,
sueño a sueño,
descubrimos que todo fue un reflejo.
Que haber estado aquí
y después,
pertenecen al antes;
que en una espeluznante realidad
solo tuvimos tiempo
para el llanto.

Que el huevo del amor
frío, desolado de ausencias;
nunca pudo ser ala
ni acariciado por el viento.

Resulta que de ir viviendo se muere.
Que la ecuación,
fatídica, del menos,
en sus perfectas justificaciones,
si llueve, por Octubre
y te dicen adiós
y es para siempre...

Fría y Distante

Cuando pueda pensarte como amiga
ajena impersonal, fría y distante,
y haya pasado la desesperante
sed, que con tu agua se mitiga.

Que esto que fluye, no fluyendo siga
para bien de los dos, después de todo
ya ha de encontrar el corazón un modo
de vivir más allá de esta fatiga.

Ahora queda en suspenso esta agonía
de esperar a que muera lo vivido.
Con el lento gotear de cada día

Sobre el cauce sin fondo del olvido.
Se volverá mi absurda fantasía
donde debiera haber permanecido.

La Luz Que Me Has Negado

Ya voy viviendo resignadamente
oscuro por la luz que me has negado,
a veces, como un árbol me he plantado
o como un río me volví corriente.

Así voy por el mundo, indiferente
con los recuerdos del haberte amado.
Una calle, un domingo, un día nublado
o una tarde de lluvia persistente.

Una canción que llega de repente
o la carta que nunca me ha llegado,
un parquecito íntimo y desierto.

Consultar el reloj constantemente
para el encuentro nunca concertado,
¡eso es vivir, cuando el amor ha muerto!

Heme Aquí

Por ti crucificado;
con los clavos de luz
de tu mirada;
hendido
por la punta de todas las angustias…

Mira la palma de mis manos
la curvatura de mi grito –
me llamas y respondo:
¡Heme aquí!

Martilla un clavo más sobre mi sien,
que en el éxtasis de todos
los tormentos;
no soy más que un madero
desolado.

Llama de Amor

Llama de amor sobre mi sangre viva,
te persigue mi sombra enamorada
y es en mi pecho una paloma helada
el corazón, cuando te siento esquiva.

Por retener tu gracia fugitiva,
es mi pena en plural y nunca cesa
y voy del desengaño a la tristeza,
bañado el corazón en mi saliva.

Podrás decir mañana - ¡No te amo!
y con un gesto displicente y duro
apagar la razón de mi existencia.

—Sin que tenga derecho a algún reclamo—

¡Que extravió del alma! ¡Que demencia
vaciar el contenido de su esencia!
¡En algo tan fugaz, tan inseguro!

La Densa Niebla

Viento del sur
me nostalgian los pájaros que azotas…

¿A qué médano inhóspito?
¿A qué pupila líquida
los llevas?

¡¡Ay Marcos Ana!!

"La tierra no es redonda
es un patio cuadrado
donde los hombres giran
bajo un cielo de estaño"

Reducido, estéril, sedentario
viento del sur
fulmina esta raíz sanguínea
la densa niebla
con sus siete puntas
y lléname de polvo transeúnte
las entrañas…

Los Engranajes Ínfimos

Nos detenemos en cualquier momento.
Detiénensen
los engranajes ínfimos
que mueven nuestro centro.
Se detiene el termómetro, la aguja,
el cálculo, su horario.

La palabra en su origen
inerte por su oficio,
más acá o más allá
pero en su centro,
la cama y su fatiga
el breviario.

Un frasco con su elixir,
un vaso con sus rosas,
la esquela que doblaron
en tres partes.
Un sombrero,
las gafas.
Las hondas expansivas
del silencio.

Eso fue estar aquí
y haberse ido.
Pero entendiendo todo
de otra forma,
no olvides darle cuerda a tu reloj.

Ausente de Los Sueños

Ausente de mis sueños
Sin presencia numérica,
para que el viento ignore donde habito,
la vida se me ha ido
por un río de alfileres…

Te esperaron insomnes mis zapatos,
la camisa, el sombrero,
la imprecación y el tedio
te esperaron…

Lancé un abecedario
hacia tu rumbo
pero volvióse el arca sin olivo
como un racimo mustio.

Soy la mariposa seca
que separa
las páginas de un libro
que no será leído NUNCA.

Los Laberintos de La Fantasía

Pensándote y pensando pasa el día,
que es la vida pensar desde que ando
perdido por saber cuándo es el cuándo,
sin que me haya matado el todavía.

"El tiempo es una espada aguda y fría
que tala los más altos de los sueños;
si no buscas refugio en los pequeños
laberintos de tu fantasía".

Así pasa la vida, yo querría
que todo hubiera sido de otro modo,
otra mi pena y otra mi alegría;

pero estoy hecho de cristal y lodo.
Por tu silencio muero cada día
y sé que, al fin, me matarás del todo.

Es...

Ahora es fuego este amor y luego nieve,
cántico espiritual, silencio puro,
incertidumbre en todo lo seguro,
dolor que se eterniza en lo más breve.

Es entregarse al viento que nos lleve
sin rumbo por la vida y es saberse
sin ninguna esperanza en qué tenderse
mientras el tiempo su indolencia llueve.

Es quedarse con irse, estarse quieto,
pleno, vacío, inmaterial, concreto
sin ninguna alegría en qué ampararse.

Sin tener el valor para marcharse,
sin que quedarse tenga algún objeto,
¿y a esto le llaman en la vida amarse?

El Fin del Sueño

Desasido,
misántropo
y abúlico;
a tumbos por la niebla de las horas.
¿Quién me lo iba a decir?

Cuando yo era, en la antesala
de los calendarios,
como un signo de atónita añoranza
y me dolían tanto
aquellos pétreos viejos
de báculo y paraguas,
que libaban las horas doctamente
sobre los bancos
de aquellos parcos parques
en mi remota provincialidad.

Hoy, cuando a un sorbo
se apuró la vida,
desasido,
misántropo
y abúlico,
cuanto bien me sería una migaja de
aquella soledad
para quedarme
a alimentar
los pájaros.

La Inútil Permanencia

Queriendo a veces resumir,
diríamos del hombre y el batracio
que se componen de ecuaciones simples,
de innumerables aproximaciones,
ambos viven por el don de la lluvia,
pero después de todo, de una misma desgracia
diríamos,
cuando habla el corazón,
que nos fatiga la fugacidad,
la permanencia inútil
de todo cuanto existe.

Saber que más allá
donde quiera que sea
tose un niño.
Y una madre se ha quedado sola;
pasa un perro y su sarna.
Un cura abre su paraguas.

Yo bebiendo café
con dos amigos
que hace mucho murieron
de estar vivos,
queriendo resumir
con mi breve presencia
los caos infinito
de este orden…

Lasitud

Con los rayos oblicuos del sol
sobre la ventana,
mi esposa - mi simplísima esposa -
se ocupa en zurcir una camisa.

Yo la observo en silencio;
una ternura violeta
me humedece los ojos.
Su resignada mansedumbre;
aquéllos días,
el rigor, la escasez,
la incertidumbre.

Cuántas veces,
por no encontrar
dónde poner la culpa,
se nos murió la voz;
ahora, después del largo viaje,
somos dos sombras
en un mismo espacio.

Fluye la soledad
y, en el librero,
tiende una araña
sus siniestros hilos.

Piélago Soy

Piélago soy, un lampo que fulguro
clarividentemente intacto,
es mi raíz un corazón exacto;
un corazón humanamente duro.

De cuanto pude ser, hoy conjeturo,
una añoranza sempiterna y grave;
de muerte a muerte voy, donde no se sabe
si ha de llegar mi proverbial apuro.

A veces en un rapto de agonía
vislumbro en lontananza lo pasado,
donde la vida es todo un espejismo.

Y me duelo del pan de cada día
del amor, de la muerte y del pecado
y por doler me duelo de mí mismo.

El Fuego de Tu Voz

Cautivo por el fuego de tu voz
y de tus ojos, ¡látigos tiranos!
Pétalo a pétalo deshojé en tus manos
como una flor mi corazón feroz.

No imaginé la soledad atroz
que me traerían mis ensueños vanos,
ni que fueran los lirios de tus manos
los asesinos de mi amor precoz.

Pero ya ves, no obstante prevalezco,
y a veces pienso que hasta me merezco
el rigor con que ahora me atropellas;

pues siendo terrenal y fría y dura
siempre quise pensarte en mi locura
alta y radiante como las estrellas.

Poema de La Vida

La vida en la simplísima
afluencia,
objetos, ocurrencias inconexas,
un clavo, una colilla,
el jueves, y estar vivo,
la mujer del otro.

Discretamente acariciar un sueño.
sucumbir al pecado algunas veces,
saber al fin que nos parieron feos;
que nos dejen de amar
a quemarropa.

La vida es tener hambre
de reojo,
rehuir todo contacto con nosotros,
atreverse a decir una locura.

Guardar silencio inoportunamente.
seguir amando
a quien nos odia tanto,
la vida un pergamino, una botella
un nido abandonado,
deseos de marcharse sin ser visto
capitanear un barco de papel.

Optimismo

Dejándome llevar por la corriente
voy al acaso, displicente y mudo,
sin reparar en el oleaje rudo
ni en el remanso más allá del puente.

Como todo se acaba lentamente
- o en forma abrupta según sea el caso -
cuando se sabe que se va de paso
no nos seduce ya lo permanente.

Esto ha sido vivir, un recorrido,
una gran aventura en que he aprendido
entre esperanzas, sueños y aflicciones;

que aunque nada se salva del olvido,
este camino a lo desconocido
debemos de sembrarlo de canciones...

La Simpleza

A veces la simpleza
no es tan simple.
En la ardua expectativa
de un encuentro,
o en el agua quebrada
en varios vientos.

La simpleza no es simple
en el candado que extravió su llave,
o un viejo libro al que le faltan páginas.
A veces por legítima simpleza
se nos cae la sonrisa en el sepulcro.

Después de esto y aquello,
irremediablemente
llegará el otoño
con su simple manera
de ser triste,
y aquel, tú o yo
esperaremos
ingenuamente
que por el rumbo invisible
de las horas
alguien pueda llegar;
de alguna parte.

Alguien que pudo haber llegado ya
con su simpleza transparente,
y se fue sin ser visto.

Albedrío

Tu indiferencia,
un pájaro de niebla
por la amplitud del alma,
ofertorio perenne
con todo mi posible tiempo.

Esperé una palabra de alas blancas
una visitación de luz.

Y llovieron los días,
y llovieron,
y siempre a tu albedrío
el amor dice ¡Sí!
o simplemente ¡No!
es un nardo de luz,

o una guillotina,
tinta en sombras,
como un insecto seco
quedó mi amor
entre los hilos
de tu telaraña.

Soy Menos Hoy Que Ayer

Veo el árbol, la piedra cenicienta,
la rosa gris del tedio.
Soy menos hoy que ayer.
-¡Si me quedara una palabra viva!-
Casi invisible paso y no me ven,
hablo y no me oyen.

Sigo arrastrando los zapatos,
buscando la nota promisoria,
la migaja fugaz que se quedó
en el bolsillo ajeno.
Y por estar tan lejos de lo cerca
no me conoce nadie.

Sospecho que todo pudiera ser muy simple,
como el agua o el viento,
como esa nube lenta,
o decirnos que sí.
Pero en la telaraña del deseo
se extravió la razón.

Hoy busco de reojo aquel jueves
que se perdió en el viernes;
empuñando el desdén. Ahíto de silencio,
sólo un árbol más;
en esta jungla espesa de vivientes.

Para Tan Ardua
Multitud de Días

Hasta la ruina de mis pocos sueños
llegas amor, y basta una mirada
para dejarme el alma transitada
por querubines dulces y risueños.

Ya sólo sé vivir de los pequeños
éxtasis que me causan tu presencia,
y en este deambular hacia la ausencia,
voy como un perro que perdió su dueño.

Para tan ardua multitud de días
no bastan unas pocas alegrías;
y ante el destino por demás incierto.

Mi deseo de seguir se ha puesto grave,
atrás quedan las sombras y el desierto.
¿y hacia adelante? ¡Sólo Dios lo sabe!

El Maniquí de Mimbre

Debí callar entonces,
porque algunas palabras,
como una piedra que se arroja a un lago,
va describiendo círculos concéntricos,
buscando los confines del espacio.
Palabras con un filo tan frío
que lo mutilan todo.

Ahora he venido aquí
a desafiar tu ausencia;
por nuestros hijos imposibles,
sin una palomita por el viento
o una canción para estrenar un beso.

No sé cuánto te amo,
que por amarte tanto
se llenaron de lunes mis domingos,
de ganas de quedarme en cualquier parte
como si fuera un maniquí de mimbre
vestido de igual forma para siempre,
y sobre la solapa,
como una rosa seca,
el residuo de todos los recuerdos…

Canción de Amor Que Se Ausenta

Por tus gestos terribles he aprendido
la densidad exacta del silencio.
Ha puesto entre mis manos pordioseras,
el cristal de tus lágrimas.

Has apagado con un soplo de escarcha
mis tímidas estrellas;
-pregúntate, mi amor,
que tanto te he ofendido-

Yo que escondí mis lúbricas quejumbres
mis ángeles nevados,
fingiendo que me faltan las palabras
me quedo mansamente lastimado.

-Recuerdo nuestro encuentro;-
el supremo milagro de tus ojos,
la magia de tu voz;
el éxtasis de todos los momentos.

Bastaron unos días,
unas horas amargas,
y nos estamos despidiendo.
-Quizás sin darnos cuenta-
hacia la inmensidad del tiempo
mañana preguntare por ti
a los relojes de las tres en punto
las golondrinas del atardecer
a las tardes de lluvia
a las calles que nunca recorrimos…
Ahora mientras te alejas,
te vas quedando para siempre…

Tierra de Promisión

Del otro lado del río
me quitaré este traje lavandero.
Tierra de promisión.
Laberinto de alucinaciones.

Es este caserón deshabitado,
espero a alguien o algo
que no llega.

Ahora llueve como nunca.
y no me atrevo.
A dejar el alero.

Todo vino a parar en ésto,
quizás un día, daré de frente
con la punta del sino,
con la simetría de la pesadilla.

Meteré la mano en el bolsillo,
probaré esta llave,
en todo lo que tenga cerradura.

Enigma

El era así, callaba para ser oído,
pocos los sospecharon
conocerle: ninguno.
Era una pulsación fatídica
como un rio invisible
transitó entre nosotros.

Cuando decía: mañana
hablaba de la ausencia
su verbo invulnerable
como un monstruoso parto
de cuchillos.

Incendio de diamantes,
parece haberlo dicho todo
¿Quién leyéndolo?
¿No sintió crujirle el corazón?

Sospecho entre sus discípulos
algún espía de Lucifer.
A mí, que me ha dolido
hasta la imprecación.
Le llamo inevitablemente
¡MAESTRO!

Desconcierto

Estando ya de espalda a la aurora
conjugo mis dos tiempos inconexos,
con esta dimensión sobre los huesos
¿Qué rumbo deberé tomar ahora?

Allá en el fondo de mi ser aflora
una tenue inquietud de desconcierto,
¿Quién podrá sugerirme un rumbo cierto
en esta encrucijada aterradora?

La vida fue vagar y he preferido
el camino infinito hacia el olvido,
con su tiempo que nunca se le agota.

Voy a zarpar hacia la orilla ignota
con los recuerdos del haber vivido
sobre mi barca desolada y rota.

Vientos Del Tiempo

¿A caso perderé mi reflexiva
habilidad puntual?
¿Podría alguien llegar antes que yo
y ocupar la mesa del rincón
nunca antes disputada?
Algunas veces me acompaña aquel amigo
con su terror atroz a los cuchillos
asesino virtual de la paciencia.
Ahora el pensamiento,
lento, como un rio de fango
es una sanguijuela ahíta
y me pregunto, ¿Para que todo esto?
¿Por qué un amigo vulnerable?
¿Por qué sigo viniendo aquí?
Si se me olvidan las gafas,
los cuadernos,
se me olvida olvidar,
a veces pienso que me espera alguien
—Alguien que nunca llega—
¡Que no podría llegar!
Porque es como una carta
a la que olvidaron ponerle la estampilla
quizás siga viniendo
por esta muchachita vivaracha
del café
que me pregunta:
¿Porque no vino ayer, a ver dígame?
Y me apostrofa,
¡MAS VALE QUE NO SE ME PIERDA!
¡EH!

Palomitas de Silencio

Derramas palomitas de silencio
sobre mi corazón recién sufrido
dices:

Quizás… Tal vez…. Mañana,
¿has de roer mi púdica paciencia
hasta que cesen todos mis latidos?

¿Donde mi don contemplativo?
Absorto, suspendido, desolado,
dulce, precario, lastimoso, austero,
soy la larva mortífera del miedo.

Disposición

Qué importa cuánto ocurra, si se ignora,
si nada en bien ni en mal podrá tocarte,
lo que está sucediendo aquí y ahora
sucede de igual forma en cualquier parte.

Si aprendes el secreto de quedarte
por bien de la raíz y la del fruto,
habrás desentrañado el absoluto
misterio de la vida y de su arte.

Recibe con paciencia cada ultraje,
que el odio o el rencor no te rebaje
a la blasfemia, imprecación o grito.

Porque la vida es todo aprendizaje,
es preparar las alas para el viaje
a la eterna mansión del infinito.

Abstracción

Besándote en tu ausencia,
apretando tus manos,
hasta hacerlas corpóreas...

Observo mi pequeño universo
para encontrarte frágil y traslúcida
come el cristal.

Ahí te puse,
invente por mi bien
el mito de tu esencia.

Hoy que no estás en mi círculo de fuego
la soledad asecha mis caminos...

Sórdido, Hirsuto

Óptimo de estupor;
al despojarse de sus prendas íntimas
fingí ignorar
el desaliño de su atuendo.
Mi corazón se estremeció de muerte...

Cuadrúpedo,
feraz,
descendí con toda mi vergüenza
hasta partirme en dos,
ahora que recupero
mi desgracia,
en esta tarde, con sus puertas
métricas
y su reloj trivial
sórdido;
hirsuto...

Aguarda inútilmente,
un día como todos los días que vendrán,
y me llega por el viento
ésta nostalgia...

El Hijo

Mi corazón se torna trasparente,
agua de manantial clara y constante;
para mostrarte amor en un instante
el amor que te ofrezco eternamente.

Mi corazón se volverá simiente
espiga y flor para soñar despierto,
con la promesa de tu surco abierto
como un beso de luz, vivo y latiente.

Y ha de llegar después la primavera
un soplo de caricias y de espera,
un regocijo inmenso y absoluto.

Que ha de llenar de paz la vida entera
cuando se rompa en luz sementera
con el más bello e inefable fruto.

Las Blancas Mariposas

Si pudiera elegir
me quedaría bajo este árbol,
junto al juncal
de blancas mariposas.

Cerrar los ojos
en la tranquila plenitud
del vuelo.

Más distante de todo lo que he sido
más cerca del sueño
y del silencio.

Aquí me quedaría
como una piedra ignota
en el camino;
que la lluvia y el tiempo arrastraran
a un océano de peces
o de estrellas...

Mis Últimas Coherencias

El tedio carcome
mi mustia calavera.
he llegado,
de todos los posibles rumbos.

Si pudiera callar,
cerrar esa ventana,
que me inunda de sombras.
Alguna vez quise quedarme,
tender mis hilos;
doblegarme a las horas.

Pero aquí fue allá,
y cada día, somos menos nosotros.

Ahora sin suponer nada
sospechándome menos
dejo que fluyan de mi
mis últimas coherencias.

La Inútil Permanencia

Queriendo a veces resumir,
diríamos del hombre y del batracio
que se componen de ecuaciones simples,
de innumerables aproximaciones.
Ambos viven por el don de la lluvia
pero después de todo de una misma desgracia.

Diríamos,
cuando habla el corazón,
que nos fatiga la fugacidad
la permanencia inútil
de todo cuanto existe,
saber que más allá
dondequiera que sea
toce un niño,
y una madre se ha quedado sola
pasa un perro y su sarna
un cura abre su paraguas.

Yo bebiendo café,
con dos amigos
que hace mucho murieron
de estar vivos.

Queriendo resumir
con mi breve presencia
los caos infinitos
de este orden.

La Brújula de
Los Presentimientos

Finalmente he llegado
seguí las coordenadas,
la brújula de los presentimientos.

Atrás…
Las expectativas
nombres, fechas, lugares.

Licha, profesora de escobas y plumeros.
Gabino, que nunca te miraba a los ojos,
el gabán que olvidé en el autobús,
y algunas menudencias
de ser pobre.

Siempre estuve perdido,
pero si das vueltas
sobre un mismo punto,
volverás a encontrarte.

Ahora,
tal vez
sea demasiado tarde,
pero de todas formas
me ajusto la corbata
de estar muerto,
para seguir la dirección del viento
que no sabe tener itinerario.

Para que Ocurra Algo

Antes y después
de todo aquello,
este camino en el atardecer,
el viento musicando
los pinos,

para que ocurra algo
tiremos una piedra al río,
haber venido de tan lejos
y no saber de dónde.

Y el presentimiento
de que algo va a ocurrir,
algo tremendo, inevitable,

al doblar una calle
una fachada de ladrillos
con sus cuatro dígitos
y una mujer
se asoma a una ventana,
mientras las aspas de un molino
desafían el silencio.

Mis Logros Invisibles

Cuando recobro el juicio
enumerando
en párrafos mi numen,
me observo desde afuera
indeficiente,
opaco,
reducido,
mis logros invisibles.

Todo lo que deje
para mañana,
la cita,
el porvenir
indisoluble,
todo mi ayer,
de caos a caos,
consultando
la dolorosa
ubicuidad
de mis partículas;

mis múltiples semblanzas
donde he perdido el ímpetu
la razón,
soy un banco,
una ventana,
y multitud de días
que se han ido…

Infinito Abismo

¿Quién dirá una buena
palabra de mí?
¿Quién dirá Luzbel
a mis espaldas?

Vulnerable de amor,
me dicen: basta!

Intuyo, que estoy
en mi sepelio
reducido
ecuánime
como otras veces,
bajo el árbol
de la perfecta sombra
abriré las alas de la luz
al descender al infinito abismo.

El Ultimo Recodo

¿Éste será el final?
¿El ultimo recodo?

Uno a uno los días
el sumario
con ambas latitudes
hacia adentro,
solo, como debió ser siempre
yo, el que reía
vertebrado amoroso
de partículas simples
habiendo descubierto
entre otras cosas
las mitades sublimes,
del olvido.

Todo se queda atrás,
lo que me poseyó
lo que no merecí
el árbol que plante,
los amigos en una dirección,
mis hijos ajenos
mi esposa arrepentida
tantas veces,
mi amoroso vecino
y aún más lejos;

donde no llega la memoria
multitud de cosas idas,
que me causaron la primera muerte.

El Secreto de Quedarte

Que importa cuánto ocurra, si se ignora.
Si nada en bien ni en mal podrá tocarte.
Lo que está sucediendo aquí y ahora
sucede de igual forma en cualquier parte.

Si aprendes el secreto de quedarte
por bien de la raíz y la del fruto,
habrás desentrañado el absoluto
misterio de la vida y de su arte.

Recibo con paciencia cada ultraje,
que el odio o el rencor no te rebaje
a la blasfemia, imprecación o grito.

Porque la vida es toda aprendizaje,
es preparar las alas para el viaje
a la eternal mansión del infinito.

Antropoide del Tedio

Si tu supieras
cuánto te conozco.
Antropoide del tedio y la lágrima,
en la audacia febril
de tus zapatos,
con sus caminos nunca recorridos.

En el bostezo gris
de tu corbata,
de simétricos días de oficina.

Te busqué con ahincó
un escondrijo,
un pliegue subrepticio,
pero eres sólo un uno
de absoluta simpleza.

Creado para la tecla
el papel y la tinta,
por tu entrega puntal
se alegran los relojes
y las expansión del tiempo.

Tu uno multiplicado
por todas las potencias
puebla el mundo.

El Extravío de La Luz

Mefistófeles con rostro bonachón
fuma su pipa.
Eva esta junto a él, recién amada,
florecida de abismos y promesas.
-contertulios del reino de las brumas!-
-nadie tiene derecho a la palabra!-
clarividentemente exactos
vamos al sur del manicomio.

-Hemos sido engañados-
-vocifera un lagarto-
ésta es la noche,
en su plasma mortífero
la encrucijada de la pesadilla,
el extravió de la luz,
las sombras verticales,
la llave, el aldabón del tiempo.

Con las cuencas vacías
van levantando
el vuelo
las voraces hostias…

Nada Se Salva del Olvido

Dejándome llevar por la corriente
voy al acaso, displicente y mudo
sin reparar en el oleaje rudo
ni en el remanso más allá del puente.

Como todo se acaba lentamente
o en forma abrupta, según sea el caso;
cuando se sabe que se va de paso
no nos seduce ya lo permanente.

Esto ha sido vivir, un recorrido,
una gran aventura en que he aprendido
entre esperanzas, sueños y aflicciones;

que aunque nada se salva del olvido
este camino a lo desconocido;
debemos de sembrarlo de canciones.

La Soledad

En realidad
hay mucha soledad
alrededor del hombre,
soledad de perfil,
de cuerpo entero,
microscópica,
extática en su oficio,
lunes que nunca retrocede
amigo ausente para siempre;

periódico leído,
teléfono que ya no nos contestan,
una canción
que no nos dice nada,
olvidar arrancarle al almanaque
las hojas
de los últimos tres meses,

el cartero
que nunca nos visita.
Ver la cadena de pasear
el perro,
que nos dejó tan quietas las mañanas.

En realidad,
hay mucha soledad
alrededor del hombre,
que no mitiga la mayor presencia
ni el vórtice de viva muchedumbre,
la soledad llego para quedarse.

La Luz Que Me Has Negado

Ya voy viviendo resignadamente,
oscuro por la luz que me has negado.
A veces, como un árbol me he plantado
o como un río me volví corriente…

Así voy por el mundo, indiferente
con los recuerdos del haberte amado;
una calle, un domingo, un día nublado
o una tarde de lluvia persistente.

Una canción que llega de repente
o la carta que nunca me ha llegado,
un parquecito íntimo y desierto.

Consultar el reloj constantemente
para el encuentro nunca concertado;
–¡eso es vivir, cuando el amor ha muerto!–

Llama de Amor

Llama de amor sobre mi sangre viva,
Te persigue mi sombra enamorada
Y es en mi pecho una paloma helada
El corazón, cuando te siento esquiva.

Por retener tu gracia fugitiva,
Es mi pena en plural y nunca cesa
Y voy del desengaño a la tristeza,
Bañado el corazón en mi saliva.

Podrás decir mañana: ¡No te amo!
Y con un gesto displicente y duro
Apagar la razón de mi existencia.

—sin que tenga derecho a algún reclamo—

¡Que extravió del alma! ¡Que demencia
Vaciar el contenido de su esencia!
¡en algo tan fugaz, tan inseguro!

La Densa Niebla

Viento del sur
me nostalgia los pájaros que azotas…

¿A qué médano inhóspito?
¿a qué pupila líquida
los llevas?

¡¡Ay Marcos Ana!!

"La tierra no es redonda
es un patio cuadrado
donde los hombres giran
bajo un cielo de estaño".

Reducido, estéril, sedentario
viento del sur
fulmina esta raíz sanguínea
la densa niebla
con sus siete puntas
y lléname de polvo transeúnte
las entrañas…

Haber Estado Allí

- Narraciones -

Las Cerezas

Juan Francisco Carus y Pando fue sin duda alguna, el personaje más ingenioso que tuve la fortuna de conocer y tratar, a lo largo de diez años. Mi encuentro con él se sucedió un día, en que llegué a esperar un autobús que debía conducirme al trabajo; él estaba sentado en la banca con las piernas cruzadas en una actitud evidentemente placentera leyendo un libro voluminoso; traté lo más discretamente posible de descubrir de que trataba la lectura, porque debo confesar que siempre he estado al acecho, espiando a los que leen esperando descubrir personas que tengan mi misma afición literaria; así, en las bibliotecas públicas recuerdo haber ido subrepticiamente de mesa en mesa con la esperanza de lograr algún encuentro venturoso. Ahora este individuo estaba junto a mí y no podía irme o dejarlo ir, sin desentrañar la incógnita, así que lo abordé abiertamente, acerca de qué era lo que leía; ante mi abrupta intromisión con muestra de cierta perplejidad, se limitó simplemente a mostrarme por unos segundos la portada del libro donde podía leerse: Máximo Gorky "Por El Mundo y Mis Universidades". Yo había leído el libro, hacia unos años cuando era aún un mozalbete, y al encontrarme una vez más con él, comenzaron a salir de los nichos de la memoria multitud de recuerdos de aquellas lecturas, así que es de imaginar que nos trabamos en una sabrosa plática sobre el autor y muchos otros libros, a tal punto que pasaba uno y otro de los autobuses que yo debía haber abordado pero yo continuaba conversando. Al final desistiendo de presentarme a mi lugar de empleo, optamos por caminar hasta un parque cinco o seis cuadras de donde nos habíamos conocido para dedicar el resto del día a hablar de libros y una gran variedad de temas que eran de nuestro común interés.

Podría seguir por este rumbo del relato pero creo imperativo detenerme antes de sucumbir a la tentación de seguir ocupándome de este personaje de quien podría decir tantas cosas todas a mi ver, rica materia literaria, pero en realidad mi propósito se resume a traer a memoria el incidente de nuestro encuentro, en que fue este individuo quien me relatara entre otros tanto, el cuentecillo que estoy a punto de redactar, cuyo origen desconozco y cuya autoría él no se atribuyó, pero sea quien fuere el autor, a mí me ha parecido interesante.

Helo aquí:

Un viejo pastor bajaba de los collados a la población con el propósito de hacer provisiones; lo acompañaba un nietecito de ocho o nueve años, que no encontraba en qué invertir su energía, corría y saltaba de un lugar a otro, lanzando un guijarro aquí y otro allá, a cuanto pájaro se cruzaba por su camino, a veces se detenía y sigilosamente intentaba atrapar alguna mariposa, pero como le faltaba al último instante la paciencia, terminaba sólo con un polvillo luminoso entre las yemas de los dedos. Cuando se alejaba demasiado del abuelo, éste lo llamaba haciendo vibrar una nota quejumbrosa en su flautín de carrizo, el niño conocía esta contraseña y corría junto al anciano caminando sólo unos minutos junto a él y a poco volvía a las andadas.

Así las cosas y ambos con la mente en diferentes fines, el pastor, preocupado por sus ovejas, que aunque había dejado al resguardo del aprisco, en aquellas soledades, el peligro siempre estaba en acecho; los cóndores, las zorras y alguna que otra contingencia imprevista. El rapaz, lo único que podía ocuparle la mente eran las promesas del abuelo de comprarle algunas golosinas al llegar al pueblo. En esta coyuntura, vio el viejo una herradura herrumbrosa en medio del camino, y se detuvo para levantarla pues él sabía que el herrero que tenía su pequeño taller a la entrada del pueblo le daría un par de centavos por ella, pensando en esto y no queriendo a sus casi ochenta años encorvarse, llamó al nietecito para que la recogiera, al llegar éste y ver de qué se trataba hizo un irrespetuoso: ¡Ay abuelo! ¡Es sólo un pedazo de fierro mohoso!, y díscolo y despreocupado se alejó, como se dice dejando al pastor hablando solo. Ante el desplante, el anciano tomó su cayado y con el extremo que termina su forma de una media U, levantó el viejo la herradura y la puso en el zurrón, y continuaron a paso lento a su destino.

Al llegar a las primeras casas del pueblo, y como quien conocía al dedillo el lugar, llegó frente a un viejo edificio medio derruido donde podía leerse en letras borradas por el tiempo: Herrería. Allí le recibió un hombre de sonrisa bonachona al que ya parecía conocer por la familiaridad del trato y porque después de estrecharle la mano le preguntó: ¿Qué te trae por aquí Elías? Hace mucho que no nos veíamos, el interpelado metiendo la mano en su bolso extrajo la vieja herradura, el herrero se enjugó con el delantal las gotas de sudor de la frente, y tomándola le preguntó: ¿Qué quieres dos centavos o un puñado de cerezas? En ese momento el rapaz que presenciaba la transacción terció en el dialogo, exclamando: ¡cerezas, cerezas! y cerezas fueron.

El viejecito las depositó en su bolsa y después de despedirse siguieron su rumbo, y el nieto ni tardo ni perezoso comenzó a pedir cerezas, el abuelo fingía no escucharle, pero el niño no cejaba, el pastor creyó llegado el momento de darle una lección y cuando volvió a insistir el chicuelo, tomando dos o tres las tiró al suelo el niño las tomaba, las frotaba levemente para quitarles el polvo y las engullía, y acto seguido miraba a los ojos del abuelo para que se repitiera la misma operación, y así fue un largo trecho inclinándose una y otra vez, ahora sin la menor objeción quien se había negado con cierta insolencia a hacerlo una vez por todas. © Vicente Carballo

La Hormiga

Estoy convencido de que en cualquier parte y en cualquier momento si somos observadores, descubriremos fenómenos y situaciones capaces de llevarnos al éxtasis de la conciencia.

El hecho que voy a referirles no parece revestir importancia alguna, si no se toman en consideración una serie de pequeños detalles que son, a la postre, los que dan relevancia -si es que la tiene- a la totalidad del suceso. Hace algunos días regresaba a mi casa al filo de la media noche, y mientras me encaminaba hacia la puerta buscando a tientas en los bolsillos las llaves, advertí en el brevísimo tiempo en que se mantuvieron encendidas las luces del vehículo, que algo se movía erráticamente sobre el pavimento. Aproveché la luz y me incliné para ver de qué se trataba, constatando con asombro que no era otra cosa que una "simple hormiguita" que a tales horas de la noche, cargando una migaja tres o cuatro veces mayor que su cuerpo, se obstinaba en llegar a su destino. Confesando mi ignorancia, no sabía que estos insectos trabajaran hasta tales horas y en completa oscuridad. He dicho que se movía erráticamente, pero debo aclarar que, observándola más detenidamente, comprendí que esta afirmación no era más que una errónea percepción; en realidad lo que ocurría era que, dado el volumen de su impedimenta, el viento la desviaba constantemente de su rumbo y a partir de entonces no dudé de que tuviera bien definido su itinerario.

En este punto se apagaron las luces, y como para entonces ya me era casi imposible controlar mi curiosidad, entré con presteza a la casa y proveyéndome de una linterna proseguí mis indagaciones. La hormiga no pareció contrariarse lo más mínimo por mi intromisión y continuó dando tumbos hacia su ineluctable destino. En cuclillas, fascinado por la ocurrencia, dando rienda suelta a mi imaginación, las preguntas se atropellaban en mi cerebro. Sin tener respuestas inmediatas preferí la simplicidad de la observación, dejando para otro momento la gravedad de los cuestionamientos. Por lo pronto, linterna en mano, seguía su lenta trayectoria, pues como es de imaginar para un ser tan pequeño, treinta o cuarenta pies, sin entrar en el rigor del cálculo, podrían resultar millas.

Lo cierto fue que cuando por fin la obstinada obrera llegó a los confines del cemento, fue sin duda alguna cuando comenzó lo más arduo de su faena, pues el césped, en proporción con su tamaño, resultaba una jungla intransitable, y si a esto añadimos el gravamen de su embarazosa carga, la tarea parecerá virtualmente imposible. Pero contra todos los pronósticos, el maravilloso himenóptero no se detuvo en estas consideraciones, y prosiguió inmutable abriéndose paso por aquella maraña con inaudita obcecación. Una y otra vez los obstáculos la despojaban de su preciada carga y ella con paciente tenacidad la retomaba para volver casi acto seguido a la misma dificultad. Yo no podía más que reflexionar: '¿Qué fuerza desconocida la mueve para cumplir estoicamente una tarea que demanda tantos esfuerzos y que ha de cumplir con absoluto sentido de la responsabilidad? ¿Dónde radica el estímulo que mueve sus acciones?' Mientras contemplaba su vía-crucis, no podía menos que sentir una mezcla de compasión y respeto por aquella minúscula heroína. Y consideraba cuán fácilmente nosotros los humanos, tenidos entre todas las especies como los que ocupamos el más alto peldaño de la creación, nos rendimos ante las adversidades y tenemos siempre a mano las más sutiles justificaciones para no llevar nuestros planes y compromisos hasta sus últimas consecuencias. Y esta diminuta gladiadora me daba lecciones que me propuse grabar como indeleble enseñanza sobre el corazón. Estuve tentado en un ímpetu de conmovida solidaridad a arrancarle los hierbajos que obstruían su curso, pero un súbito escrúpulo me detuvo la mano, y pensé: 'Este sentimiento compasivo pudiera violentar de alguna manera los resultados de un plan diseñado a priori que rige inexorablemente funciones que mi juicio tenía la insolente intención de alterar.

Me contenté pensando que los hormigueros existen desde tiempos inmemoriales, y seguirán existiendo porque tienen que existir. Así que volví a mi papel de simple espectador, curioso por saber dónde terminaría su azarosa jornada. Para entonces comencé a ver algunas de sus compañeras que viajaban en sentido contrario, y anticipé que la covacha no debía estar muy lejos y, en efecto, nuestra hormiga llegó por fin a un claro zigzagueo bruscamente y como si estuviera totalmente segura de su territorio; dio un viraje en la confluencia de dos raíces de un corpulento encino que sombrea mi patio y en un santiamén, desapareció por una ranura. Yo quedé como en suspenso, pensando cuán interesante pudiera resultar que, como en esos cuentos infantiles donde todo es posible, hubiera podido reducir mi estatura tanto que me fuera posible, antorcha en mano, seguirla por los tenebrosos laberintos de su reino y descubrir si a su llegada era recibida con las fanfarrias y parabienes que, a mi juicio, la creí digna de merecer; o si por otra parte -lo más probable-, la odisea que acababa de realizar desde el punto de vista "hormigueril" no tenía ninguna connotación extraordinaria, sino que por el contrario, entre las miles que realizaban aquellas tareas, esto no era más que una misión tácitamente complementada. Estoy seguro que de haberla podido identificar, si me hubiera quedado junto al agujero, lo más probable es que la vería salir e iniciar nuevamente su gravosa trayectoria.

Volviendo a la razón, consulté mi reloj y supe que hacía casi dos horas que había comenzado esta pendencia. Tomando la llave franquee la puerta y, tratando de no importunar a mi esposa que dormía plácidamente, me tendí en la cama, y después de algunas graves elucubraciones y de porfiar con el insomnio, me fui quedando dormido... contemplando por la ventana el tiritar de una estrella en la profundidad del firmamento. © Vicente Carballo

El Laberinto de Las Coincidencias

Hace unos días llegó a mi casa un amigo que tiene ínfulas de filósofo, y tuve la mala fortuna de que hiciera su aparición, cuando me disponía a cumplir con uno de los reglamentos del Manual del Vagabundo, que establece que para mantener en vigencia la membresía de la orden, es menester comer sardinas al menos tres veces a la semana. Y sépase que esto es un asunto de conciencia, pues no existe forma de hacer cumplir esta ordenanza por parte de la confraternidad.

Les contaba que llega este individuo cuando tengo el recipiente ovalado sobre la mesa y corto una cebolla en ruedas –único aderezo permitido por la orden–; estoy a punto de vaciar el contenido en la sartén, cuando el visitante me interrumpe con premura, como si advirtiera que estoy a punto de cometer un sacrilegio.

-Espera!... ¡Espera! –me dice.
Me ordena casi a tomar asiento. Obedezco presa de la curiosidad, pues no logro imaginar qué es esto tan importante que quiere decirme. Entonces, adoptando un aire reflexivo, comienza con una pregunta:
-¿Te has imaginado que el acto que vas a consumar está precedido por una casi infinita multitud de coincidencias inextricables?

Quedo como en suspenso, esperando que simplifique el concepto. Él prosigue con estudiada parsimonia:
-Sí, así es en efecto. Esos pescaditos apretujados en el recipiente metálico, nadaban a su albedrío en la amplitud del océano. De hecho, es casi inverosímil ver cómo se mueven los

cardúmenes, con una pasmosa simultaneidad, sin que podamos advertir cómo se dirigen estas fantásticas coreografías. He oído decir que estos desplazamientos crean un efecto hipnótico que desorienta a sus perseguidores. Me es difícil creerlo por resultar demasiado sofisticado. Pero bueno, el hecho es que dentro de aquella incalculable multitud, estas que estabas a punto de devorar, se movían con absoluta libertad; podían haber tomado un rumbo u otro sin que nadie se los impidiera, pero ese día, coincidentemente, entre otras cientos de miles, se hallaban dentro de los parámetros del chinchorro del navío. Ahí da comienzo una larga sucesión de hechos que se sumarán a la increíble cadena de acontecimientos, que hacen posible que hoy estén sobre tu mesa. Una vez atrapadas tus veintidós sardinas, irán a parar a la bodega del barco a engrosar el cargamento de quizás millones de sus congéneres. Llevadas a la planta procesadora donde se integrarán a la pesca total de algunos días, cuyas proporciones son inimaginables.

En este instante, el aprendiz de filósofo toma el recipiente con cuidado para no untar las yemas de sus dedos de la sustancia entomatada, y después de leer la procedencia del producto, el cual resulta venir de Noruega, continúa su disertación y observa que todo este fenómeno ocurre en el extremo opuesto del planeta. Hecha esta salvedad, prosigue:

-Ya en las pailas, tus veintidós sardinitas serán por algún tiempo sólo una efímera estadística. Una vez sometidas a la elaboración final, que varía según el gusto del consumidor y el precio que se le quiera dar al producto, son envasadas en salsa de tomate, en aceite con vino de cerezas o ahumadas. Algunas marcas llegan con tal exclusividad, que sólo los expertos pagarán el alto precio de este producto. Ahora, al ser exportadas, comienza otra etapa que, trazada fielmente, nos dará una idea del laberinto de las probabilidades. Entre los millones de recipientes que son distribuidos alrededor del mundo, el tuyo, el que está ahora sobre tu mesa, bien pudo haber ido a parar a otra cualquier parte del planeta. Y aun suponiendo que fuera destinado al punto geográfico donde habitamos, pudo haber llegado a cualquiera de los cincuenta estados, y no al nuestro, como ha ocurrido. Y aun habiendo llegado aquí, tenemos que tener en cuenta que este es uno de los mayores territorios, donde existen cientos de ciudades donde pudo haber ido a parar tu recipiente. Sin embargo, después de desafiar la ley de las probabilidades, llegó sólo a esta ciudad donde vives, y no a una tienda de comestibles cerca de tu vecindad. Y esto no garantizaba que este envase debiera corresponderte, al ir a hacer tus compras, pues hay que tener en cuenta que aun al último instante, pudiste haber elegido otro envase entre los múltiples del estante. Pero este pareció estar destinado para ti desde el principio de los principios.

En este momento, Rufo, mi gato, que ha estado ronroneando desde que abrí la lata, exacerbado por el aroma de la sardina, no puede resistir más y brinca sobre la mesa. Le amago con un manotazo y lo echo por tierra. Mi acompañante sonríe y prosigue, cuando yo pensaba que ponía punto final a su perorata. Finjo que le escucho, y cuando tomo las sardinas, para dar por terminada su inoportuna intervención, levanta la voz y me obliga a escucharle. Es entonces cuando se produce lo más desconcertante de su largo discurso, pues con cierta insolencia, sosteniéndome el brazo, me dice que ha transcurrido toda una larga hora en que las sardinas han estado expuestas a la posibilidad de alguna contaminación: Gérmenes, bacterias, y quién sabe qué otras miasmas...

Entonces Rufo reanuda sus impacientes ronroneos y apremiantes maullidos, mi dizque que amigo aprovecha el filón y me insta a que, dadas las recomendaciones a penas expuestas, es aconsejable que el manjar en cuestión vaya a parar a la barriga del minino, a lo que accedo a regañadientes, bajo los efectos alarmantes del discurso acerca de la fácil corruptibilidad del pescado. Tomo la latita y la vacío en la escudilla de Rufo, quien, sin nuestros escrúpulos, humedece rápidamente sus largos bigotes en el oloroso condumio, al que me creí con legítimo derecho de disfrutar poco antes de que llegara este sujeto, a quien en este instante casi considero persona non grata por haber malogrado mi banquete sardineril. Él parece entenderlo, y trata de consolarme con una invitación a un buffet de comida china en el Oso Panda, a lo que no declino, dado el agravio recibido.

Ya en camino al restaurante asiático, le aclaro que no toleraré que una vez allí, donde dada mi dieta vegetariana, que sólo admite el pescado, por lo que tendré que sustituir la sardina por salmón, no se le vaya a ocurrir, bajo ninguna circunstancia, querer repetir sobre este pescado –sobre el cual se dicen cosas peculiares, siendo la más notable, navegar contra la corriente- la misma larga historia que malogró mi intención de cumplir con los requisitos del Manual del Vagabundo, en el aderezo semanal de la sardina.© Vicente Carballo

La Dama de La Silla de Ruedas

Ella se aferra a la silla de ruedas con la maestría que le confieren más de veinticinco años de confinamiento sobre este armatoste desvencijado, pero que su dueña hace moverse con destreza por entre los innumerables obstáculos que inundan el piso, ni una queja ni un ademán de hastío reflejan sobre su rostro el profundo abatimiento de una vida que transcurre lenta y oscura como un río de fango.

Pamela es uno de esos seres que uno desearía nunca haber conocido, porque una vez de haber traspasado los umbrales de aquella vida mustia, que realiza esfuerzos extraordinarios por convencer de que todo está o estará bien, pero entre todas sus desgracias ninguna mayor ni más constante que la presencia de su marido quién la culpa de todas sus desventuras, pues según confidencias suyas, poco tiempo después de casarse, ella quedó paralítica debido a un accidente automovilístico y por los últimos veinticinco años él ha tenido que cuidarla como a una niña sin obtener los beneficios de un matrimonio normal, parece ser que esta larga frustración lo ha convertido en un ser amargado y resentido contra la infeliz mujer, tanto que está constantemente en acecho de que algún visitante pueda tener una palabra amable sobre ella- que no está exenta de simpatía- y en su conversación demuestra un trasfondo de cultura poco común, había leído algunos libros bien leídos, que yo quise creer que formaban parte de la formación de un carácter estoico y fino intelecto. Recuerdo una vez un incidente que demuestra el celo del esposo no celo masculino obviamente pero uno más venenoso y degradante, en una de mis visitas, note colgada en la pared lo que parecía una flauta en su estuche, le pregunte a Pamela, si era ella la que tocaba el instrumento me respondió afirmativamente, pero note algo así como un leve retraimiento, en su respuesta y preferí desviar la conversación por otro rumbo, pero siempre con la incertidumbre del porqué, aunque ya tenía yo ciertas inferencias de que el esposo a más de saberla atrapada sobre la silla, también la prefería reducida a la nulidad total.

El esposo me está dando su versión de su vida. La presencia de ella, interrumpe el rosario de lamentaciones de él, la mujer en un tono humilde nos pregunta si deseamos un té, él como para deshacerse de ella, asiente afirmativamente y esto me da oportunidad de presenciar con cuanta desenvoltura, se mueve hasta la cocina, sorteando todo obstáculo, mueve los enseres de la estufa y procede a poner sobre la hornilla agua en el perol y queda esperando hasta que el líquido entra en ebullición, toma dos tazas y pone una bolsita de té en cada una, y azúcar, en una bandeja que pone sobre sus piernas llega hasta nosotros con la infusión y nos pregunta después de que hemos dado un sorbo, si está bien de dulce, yo le doy efusivamente las gracias y el marido la mira con la frialdad habitual. Descubrí que el marido, si ella trata de tomar parte en alguna conversación con algún visitante -que son pocos-, como un tábano furioso le ataja toda palabra y finalmente le asigna alguna tarea para despacharla.

Ella, humildemente baja la cabeza y se reduce a su voluntad, esta actitud, me produce un estado de indescriptible ansiedad, y como no me es posible hacer nada me prometo en silencio, evitar en lo posible mis visitas al lugar para no verme en tan ardua disyuntiva. En realidad bastaron unas visitas, para que sintiera mi adhesión y mis simpatías por la paralítica, ella sabe que la admiro y siento que este sentimiento es recíproco y que da a su vida marchita un refrigerio espiritual. Al menos, ella reafirma su convicción de que su pareja es un monstruo, que no es solo una apreciación viciada por la mala voluntad que este le inspira por el tiránico trato al que la ha sometido, yo le he declarado que estoy consciente de su mala voluntad hacia ella; más allá de cualquier razón que él tenga; este hombrecito es a mi ver un personaje tenebroso. En este punto siento que el esposo comienza a tenerme ojeriza al notar que simpatizo con su esposa y que converso-quizás demasiado con ella-.

Hice referencia a una flauta que colgaba de la pared, a cierta altura como para que la mujer no tenga acceso a ella y pueda encontrar refugio en el que parece el último vestigio de su identidad pasada, pues llegue un día a visitar a mi amiga, y la encontré sola pues su inquisidor había salido de la ciudad, después de algunas palabras le confesé que deseaba oírla tocar la instrumento, me pidió solícita que se la alcanzara, y después de ajustar algunas claves, mientras con voz de soprano solfeaba tratando de afinar el instrumento una vez terminada este preámbulo, comenzó a llenarse el recinto de los arpegios que su habilidad musical lograba arrancarle que unos minutos antes yacía estático, desolado en un ángulo oscuro de la habitación y que su dueña sabía dar vida y estremecer con increíble dominio.

A Partir de entonces su persona tendría para mi otra poderosa razón de admiración y respeto. Supe que había sido parte de una sinfónica a nivel estatal y que la música formaba parte integral de su vida, hasta que llegó el gran silencio de un tiempo él la acompañaba a la iglesia, donde formaba parte del grupo musical del templo, pero después del accidente él la sometió al oneroso ostracismo como parte de un plan para pulverizar cuanto de dignidad y orgullo puedan permear aquel carácter luminoso.

De más está decir que su éxito ha sido insignificante, todos los que visiten el lugar notaron en breve que sobre aquella silla yace confinada por un aletazo del destino, un espíritu firme, y una voluntad serena y suave como el terciopelo.

En una de mis visitas en que el marido no estaba presente, Pamela me mostró un álbum de fotos donde entre otras ella, aparecía en un viaje que había hecho en compañía de su familia al estado de la florida en una de las fotos ella, radiante con la cabellera al viento junto a un jardín, entonces yo tendría dieciocho años...

Y Así va describiendo una a una las fotos de aquellos días venturosos y me imagino que ella, no quisiera que lleguemos al final del álbum, sus ojillos se han humedecido de lejanas añoranzas y su rostro todo se ha transformado como si nos dijera con cada foto: Ven yo también fui bella y formé parte del mundo alguna vez.

Es fácil advertir que el esposo permanece junto a ella, porque espera que muera para quedarse con la propiedad venderla y largarse a otra parte, pero el tiempo a transcurrido sin que ocurra el esperado desenlace, mientras él ha ido acumulando resentimiento y al mismo tiempo castigando el vivir junto a alguien solo con la esperanza de heredar esta propiedad que le fue dejada a ella por sus padres: esto creo es la razón de su carácter hostigante hacia la pobre mujer.

A pesar que este sujeto vive de una pensión que el estado le asignó a ella por su condición de deshabilitada en fin que mirándolo bien él resulta beneficiado pues recibe una compensación por supuestamente cuidar de ella. ¡Qué ironía!

Es impresionante que durante una conversación él pueda parecer una persona amable y hasta con cierto buen humor, pero su Pamela le interpela por cualquier razón, el cambia el rostro y como un verdadero actor, se transforma de alguien jovial, en un ser irascible se contraen los músculos de su cara y un rictus de severidad denuncia en última instancia desdén.

Este constante rechazo hace que uno se pregunte cómo es posible odiar con tanta intensidad, sin duda alguna, a de tener para él consecuencias funestas el odio es un veneno mortal y quien la contenga termina contaminado y por último consumido y todo esto sin que el que odia con esta vehemencia patológica las más veces no reconozca lo nocivo de su comportamiento.

Abrumado por una situación que no me debía afectar, siento que me he ido sumergiendo en el abismo de aquellas vidas y muy a mi pesar empiezo a ser parte integral del doloroso drama de la pareja, y aunque mi actitud evasiva afecte un comportamiento avestruz he decidido ausentarme al menos por un tiempo, para tomar oxígeno en la superficie, y olvidar-si es que se puede- que existe este caserón ruinoso a las afueras del pueblo, y si tuviera que pasar por aquí, voltear la cara, para no caer en la tentación de un contacto que a la postre no servirá más que para exacerbar mis sentimiento de impotencia.

Alrededor de un año y medio ha transcurrido, desde la última vez que vi a Pamela, pero hoy, he pasado por curiosidad junto a desvencijada mansión y noté que habían puesto un rótulo anunciando la venta del inmueble.

Mientras me alejaba del lugar, daba rienda suelta a la imaginación llegué a pensar que Pamela debía haber fallecido, y que el bribón de su marido, sería ahora dueño absoluto de aquel predio; no pude resistir la tentación y, regresé al sitio y quien vino abrir la puerta resultó una increíble sorpresa, nada menos que la dama de la silla de ruedas quien me recibió con la amabilidad habitual, me invitó a pasar y note que estaba acompañada de una muchacha a quien me presentó como a una sobrina, después de algunas palabras de rigor, ella pareció adivinar que iba a preguntarle por el marido y con cierta reticencia me confeso que Terry había fallecido viniendo de un viaje con un amigo, en que el vehículo se salió de la carretera yendo a caer en un profundo barranco donde su acompañante quien milagrosamente escapó ileso contó que sus últimos momentos fueron de indescriptible agonía pues el camión se incendió y las llamas se propagaron a tal punto que a él le resultó imposible todo intento de rescate, teniendo que sufrir los gritos desgarradores que salían de aquel infierno.

Cuando llegaron los bomberos ya había pasado más de una hora, y sacaron el cadáver con la mayor discreción posible dado el aspecto que presentaba el cuerpo al ser lamido por las llamas.

Este encuentro fortuito con la muerte, me hundió en profundas meditaciones, para terminar confirmando que el Creador, comienza ajustar cuentas casi siempre aquí en el escenario de nuestras villanías.

Cuando mi amiga me relató esta historia, noté que su dolor ante el dramático fin que tuvo el que fuera su cónyuge era sincero había en sus palabras una intensa carga emocional. De cierta manera ella creía que su marido no merecía una muerte tan dolorosa, y justificaba su carácter precisamente como una reacción de haber tenido que luchar con ella en sus insuficiencias.

Ahora ella era la que deseaba abandonar aquel lugar, empezar una nueva etapa de su vida. Había podido vender a precio de remate, una gran cantidad de refacciones para carros antiguos que su esposo había acumulado con el tiempo y lo que constituía su ocupación principal.

Todo estaba inventarios y empacado en cajas con la descripción y el precio de cada parte. Un trabajo minucioso que él tomaba muy en serio.

No permitía a nadie entrar al santo sanctórum de su colección, con precaución desmedida tomaba cada caja como si se tratara de algo muy frágil, así de meticuloso y organizado era y Pamela ahora ponderaba esas características. Ella por el contrario había rematado y permitido que algunos de los que respondiera a su aviso en la computadora campearan con pies sacrílegos los espacios donde se almacenaba la mercancía. Vendió casi todo y ahora solo esperaba deshacerse del inmueble para irse a vivir con su hermano en Arizona.

Nos despedimos, y por una u otra razón no volví por allí, hasta un año y medio después, y cuál no sería mi sorpresa al constatar que donde otro tiempo se levantó aquel viejo edificio, ahora los que compraron la propiedad habían construido una clínica veterinaria talando los árboles que rodeaban la antigua propiedad ¡Todo tan diferente! Concluí en que el tiempo todo lo pulveriza, me detuve por un momento y pasó como una película silente por mi memoria el recuerdo de aquella mujer, pedí a

Dios que donde quiera que estuviera, su corazón hubiera encontrado la paz y cerré el libro de sus memorias y me aleje de aquellos contornos un poco más feliz por la esperanza de su bien.© Vicente Carballo

El Marabú

El viejo Ruperto se echó un salivazo en las palmas de las manos, se las frotó casi instintivamente y agarrando el mango del tridente, lo clavó con ímpetu junto al tronco de un marabú una y otra vez, con el propósito de eliminarlo definitivamente. Esta operación debía repetirla a lo largo de dos años, hasta convertir estas casi dos caballerías de tierra infectada de esta planta que, como una plaga cuando tomaba posesión de un terreno, entretejía por el subsuelo una apretada urdimbre de raíces que, a su vez, se convertían retoñando en nuevas plantas, convirtiendo las tierras virtualmente en campos inútiles para el cultivo.

Pero Ruperto se había propuesto a toda costa erradicar hasta el último vestigio de la plaga, aunque para ello debía llegar a medidas extremas, teniendo en cuenta que sus instrumentos de trabajo consistían en tridentes, picos, machetes y, más que nada, su férrea voluntad. A sus casi setenta años, había aprendido, con el contacto directo y constante con la adversidad, que este nuevo reto no caía dentro del círculo de lo imposible, si se tenía en cuenta que algunos de sus hijos vivían en los contornos en condiciones deplorables, rodeados de hijos pequeños que carecían de lo imprescindible. Aquella tierra de nadie, que era como se llamaban a los campos en los que se posesionaba la nefasta planta, implicando con esto que la mayoría consideraba casi imposible deshacerse del flagelo verde. Pero Don Ruperto, como le llamaban algunos con respeto, no era de ese parecer. Cuando el día clareaba, se ajustaba las polainas para protegerse de las agudas espinas que caracterizan al marabú. Y después de afilar los machetes y azadones, acompañado de algunos de sus hijos, llegaban a lo que algunos de sus hijos llamaban 'la locura de Ruperto'.

Día tras día el tridente y azadón iban abriendo una brecha; lenta, pues no bastaba con sacar a golpes de tridente el tronco de profundas raíces. Era necesario echar al fuego hasta los fragmentos más pequeños, pues, cualquier vestigio que quedara bajo tierra, al primer aguacero retoñaría, convirtiéndose en breve en una nueva amenaza. Así, día tras día los rústicos implementos de trabajo iban socavando el exuberante reino de la espina. Y gradualmente iba en aumento la admiración que los vecinos de la comarca sentían por aquel hombre, cuya voluntad parecía estar forjada del mismo acero de sus azadas y tridentes. Durante el día, el calor sofocante les obligaba a ponerse paños mojados sobre la frente, y para contrarrestar esta dificultad, idearon que sería más provechoso trabajar durante la noche, provistos de unos mechones de kerosén. Colgando de varillas, en forma de trípode, recibían suficiente luz como para continuar la agobiante faena.

Algunos transeúntes detenían sus cabalgaduras para contemplar aquella escena fantasmagórica sin poder entender qué era lo que estaba ocurriendo. Al final del primer año ya habían limpiado tres cuartos de caballería, y decidieron que debían aprovechar el advenimiento de la primavera y comenzar a sembrar. Coa en mano, fueron depositando los granos equidistantemente, y con golpes del costado del zapato, iban cubriéndolos, al tiempo que se encomendaban a la Providencia para que se consumara el milagro del aguacero oportuno. Y así fue, porque aquel era un hombre de fe. Así que una semana después, mientras repechado en un taburete ajustando las clavijas a su guitarra, densos nubarrones resbalaron por la amplitud del cielo, y como cuerdas de plata, cantó el viejo la canción de la lluvia y de la vida. Los ojos del anciano se humedecieron de gratitud, y llamando a gritos a su esposa, le decía una y otra vez:

-Ves mujer, ¡Dios me ha escuchado!

Y contemplaba los riachuelos correr por los declives como un gran milagro. Y llovió y llovió; y se fue levantando sobre la tierra la ola verde de la promesa. Y unos meses después, encorvado, cortaba y hacía manojos de espigas doradas. Y hasta los pájaros cantaban un canto nuevo. Sobre los surcos, iban quedando los granos grávidos para los que no siembran ni siegan... Pero el Señor alimenta.

Debo aclarar que esto ocurría en tiempos en que el país entero atravesaba por una hambruna como la que profetizara José en el sueño del faraón, conocido como el de las siete vacas flacas, pero en el caso de Cuba, se ha convertido en muchas veces siete. Es de pensar que este campesino humilde estaba en posesión de algo muy valioso, dadas las circunstancias. Cincuenta y dos sacos de arroz y otros tantos de frijoles fueron depositados en una tarima en la parte trasera del caserón. Y cuando los vecinos se fueron pasando la voz de que el viejo vendía algunas libritas del preciado grano, era necesario mantenerse en el pilón constantemente, para satisfacer la demanda. Siendo esta la forma más primitiva de quitar la cáscara al trigo o al arroz, los que no están duchos en el oficio, terminarán con las manos ampolladas por la fricción de los maderos; y esta era la queja de los hijos de Ruperto.

Todo parecía dicha y prosperidad, pero los perros de presa del gobierno habían tejido una red tenebrosa de individuos o 'soplones' dispuestos a 'chivatear' para congraciarse con el gobierno hasta su propia progenitora. Las revoluciones, como el término lo indica, son revoltura, y es de pensar que cuando lo que se revuelve es algo tan complejo como la sociedad, salgan a flote especímenes que en lo único que han logrado algún grado de perfección, es en ser unos perfectos mediocres. Sin embargo, se les encuentra en todas partes –porque no son pocos-; ocupando puestos y jefaturas donde se cometen todo tipo de arbitrariedades y hasta crímenes sin que aparentemente tengan que responder por sus actos. Y fue esta canalla la que ofició el acto que voy a describir.

Como he dicho antes, Don Ruperto sucumbió a la tentación de vender algunas libritas de su cosecha a un precio un poquito subido, tanto como para que se le acusara de espéculo. Y ni tardos ni perezosos, los sicarios del gobierno se personaron en el humilde bohío del agricultor, y con tan mala suerte, que él no se encontraba en esos momentos. Detuvieron el camión verde olivo acompañado de un jeep, y algunos milicianos tocaron con intimidante fuerza sobre la vieja puerta del 'rancho'. Se oyó una voz que gritaba: -¡Ya voy!

Matilde pensó que podía tratarse de algún comprador. Cuál no sería su sorpresa, cuando al abrir la puerta, dio de sopetón contra los uniformados mal encarados que preguntaban por su marido con una voz subida de tono. La humilde mujer, con el miedo reflejado en su rostro, se limpiaba el sudor con el delantal, pues se ocupaba en hervir ropa cuando tocaron a la puerta.

-Ruperto no está.
-Fue al pueblo –les decía una y otra vez.

Los solados preguntaron por los sacos de arroz, frijoles y cualquier otra mercancía, pues ya daban por hecho que en el lugar se operaba un comercio clandestino. Ella, como quien cree no tener delito alguno, les mostró la tarima donde se almacenaban los sacos, y enseguida el teniente dio la orden para el decomiso. Uno a uno, fueron bajando los pesados bultos hasta dejar vacíos los entrepaños. La apesadumbrada mujer no podía creer lo que estaba viendo, y corría de un lugar a otro. Algunas personas no podrán comprender esta escena si no se tiene en cuenta que, por aquellos años, el gobierno había convertido en un delito que alguien mantuviera para su uso personal el fruto de su trabajo, si este excedía la exigua cantidad establecida por el Estado como 'uso personal'. Lo demás tenía que ponerse a la disposición de la cooperativa, recibiendo la exigua cantidad estipulada por el estado.

Una vez que los vehículos abandonaron la casa, la esposa corrió hasta la casa del vecino más cercano y contó lo ocurrido. Éstos habían visto el alboroto, pero sin saber de qué se trataba. Ahora estaban indignados, en breve, la noticia corrió como pólvora. Así que cuando el viejo hizo su aparición y supo los pormenores, decidió sin demora presentarse en la comisaría a reclamar lo suyo. Algunos vecinos que conocían con cuántos esfuerzos aquel viejo patriarca le había arrancado a la tierra aquel botín, decidieron acompañarle solidariamente, en carretón tirado de un caballo. Se encaminó al cuartel de la milicia a enfrentarse al que había dado la orden de robarle lo suyo. Una vez allí, pidió hablar con el jefe. Éste trató de esquivarlo, pues el oficial de guardia le notificó que aquel hombre estaba como endemoniado. Pero al final pudo escuchar que el quejoso aseguraba que no se movería de allí hasta hablar con el responsable del robo. El teniente Máximo Melgar comprendió que debía hacerle frente a la situación, y con gesto arrogante, con una mano sobre el cabo de la pistola, se presentó en el salón de espera, y de entrada, quiso imponer orden, diciendo con firmeza: -¿Qué escándalo es éste?

El viejo pareció no oírlo, pues se le enfrentó con otra pregunta: -Fue usted el que ordenó que me robaran la comida de mis hijos? –y acto seguido, sin esperar respuesta, continuó diciendo: -Esto es lo que es una revolución; despojar al que con el sudor de su frente le arrebata a la tierra el sustento de su familia y mostraba la palma de sus manos cubiertas de callosidades.

En la premura con la que salió de su casa, olvidó despojarse de su sombrero de guano, que había perdido el copete, por donde asomaba un grueso mechón de cabellos canos, que le daban al labriego un aspecto tragicómico, a pesar de lo caldeada de la situación.

-¡Cálmese compañero!
-Así no nos vamos a entender.

Pero el afligido campesino no creía en ningún entendimiento que no fuera la inmediata devolución de lo sustraído. En esos momentos, se escuchó en la calle una algarabía, como la de mucha gente. Y, en efecto, no menos de cincuenta personas habían llegado; a caballo, en carretones y en bicicletas, y alguno que otro transeúnte de ocasión que se había sumado al alboroto. El oficial se asomó a la calle, y por primera vez supo que aquel individuo no era un hombre tan insignificante como lo parecía. Hizo una llamada con urgencia y, volviéndose al litigante, le preguntó:
-¿Cómo es su nombre, ciudadano?

Uno de los hijos de Ruperto le contestó "Ruperto Moncada". El militar repitió el nombre y hubo un breve silencio. Después colgó el teléfono, y con tono conciliatorio, anunció que el asunto estaba resuelto, que en un par de horas se le devolvería la carga. En este punto se oyeron gritos de júbilo, y como quien sabe que ha venido a Goliat con el guijarro de la razón, el viejo salió a la calle y dio las gracias a los que le habían apoyado. En este punto, y aprovechando las muestras de jovialidad del rostro de Don Ruperto, el oficial le hizo una que otra recomendación.

-No abuse con el precio del arroz y tenga cuidado, porque para el año siguiente, quizás yo no esté aquí y no te vaya tan bien.

Esa tarde, el mismo camión se detuvo frente a la humilde morada, y los oficiales subieron uno a uno los pesados costales a la tarima de donde los habían sustraído. El viejo contemplaba con cierta incredulidad cada recorrido de los milicianos, cargando uno por uno los sacos, y quizás pensando que tenía que existir una fuerza desconocida, inexorable, muy por encima de la voluntad humana, que en momentos en que la razón se extravía, en que la dignidad y el bien son avasallados, en que los humildes son víctimas de los más poderosos, entonces esa fuerza invisible hace su aparición. Este parecía ser el caso. Con cuánta satisfacción Don Ruperto vio restituir a su improvisado granero, el grano que garantizaba el sustento de los suyos. Recordó con orgullo su triunfo sobre el calor, sobre el cansancio, arrancando y echando al fuego cada raíz, hasta extirpar uno a uno los troncos, y convertir aquella tierra en una promesa luminosa. Esa fue su primera victoria; ahora ganaba la segunda. Pero su alegría se veía empañada por la casi certidumbre de que en lo sucesivo, todos tendrían que luchar contra una plaga peor que el marabú. Una plaga cuyos tentáculos monstruosos se extenderían palmo a palmo a lo largo de la isla, coartando en el individuo, en las familias y en el pueblo, lo más valioso que posee el hombre sobre la tierra: ¡La libertad!

© Vicente Carballo

El General

Cuando el hombre hizo su entrada, lo primero que noté fue su sorprendente parecido con el general "Stonewall Jackson", aguerrido héroe de la guerra civil Americana, y brazo derecho de Robert E. Lee, General en Jefe de aquella epopeya, Jackson de imponente figura, medía más de seis pies, una barba grisácea le cubría la mitad del pecho, era de finos ademanes según las costumbres de la aristocracia sureña, y un hecho que me llevó a admirarlo al toparme con él en las páginas de la historia, fue su fe en los designios de la providencia.

Cuéntase, que antes de entrar en combate hacía arrodillar sus soldados y pedir anticipado perdón por la sangre pronta a derramar, comportamiento que a mi ver se aviene con la descripción de Plutarco de lo que ha de ser un gran capitán. Pero temo que mi emocionada admiración por el General me lleve más lejos de lo que quisiera ya que mi propósito consiste en ocuparme de un hecho en referencia a este carácter que hizo su entrada fortuita al lugar donde me tomaba un café matutino.

Decía que el individuo en cuestión tomó su lugar en la fila de personas que esperaban ser servidos. Fue entonces cuando reparé en su aspecto que denotaba, tratarse de un vagabundo, vestía una chaqueta sucia en extremo y raída, una gorra descolorida, y un par de sandalias abatidas por el rigor de las largas caminatas. Al descubrir su increíble parecido con el General Jackson, sentí una inmediata admiración por él. Me levanté de la mesa, y me paré tras él con el propósito de invitarlo a un desayuno, pues deduje por su pobre indumentaria que no me declinaría la invitación. Llegó por fin al mostrador y comenzó a sacar unas monedas y a preguntar a la muchacha de la caja registradora cuánto le era posible comprar con su exiguo capital. Fue entonces que le aseguré a la cajera que le diera lo que pidiera que yo pagaría el importe, y el General volteó la cabeza y con palabras casi inaudibles me dio las gracias.

Tomó su bandeja y se alejó escapando a lo más recóndito del lugar; se sentó dando la espalda a todos y comía como a hurtadillas como si el haber aceptado la invitación lo pusiera ahora como niño castigado expuesto a todos su precaria situación. Allí permaneció un largo rato, aun después de haber consumido los alimentos; desde lejos observé su reposada continencia. Me hubiera gustado sentarme junto a él y haberle hecho algunas preguntas pero temí importunarle o que pensara que mi largueza tuviera como propósito someterlo por algún extraño morbo a una interrogación, algo que parecía rehuir. Por la ventana observé que había dejado recostado a la pared sus macutos, que al igual que su dueño, daba muestras inequívocas de los embates de aquella vida vagabundil.

El individuo, después de alrededor de una hora se levantó y se dispuso a partir. Vino extrañamente hasta donde estaba yo sentado, y sacando de su chaqueta una diminuta libreta me pidió mi nombre y mi dirección. No le pregunté si existía alguna razón para su pequeña demanda, y ante la dificultad de poder consignar la información debido al temblor de sus manos, que denunciaron sus pasadas o presentes incursiones por los dominios del alcohol, tome la pluma y con la letra más pequeña y clara dado lo diminuto del cuaderno, satisfice su petición. Me estrechó la mano, y ya a punto de partir le puse un billete de cinco dólares, lo vi levantar sus matules y alejarse Dios sabe hacia dónde. Aquí podría terminar este encuentro fortuito. El tiempo que pulveriza todo a los pocos días, cubrió como cubre la tormenta de arena en el desierto cualquier vestigio de este suceso y todo continuó con la regularidad de la vida ordinaria.

Transcurrido alrededor de diez años cuando entre el fárrago de facturas y anuncios publicitarios que se reciben diariamente me sorprendió una carta de corte personal. Antes de abrirla la examiné detenidamente. Resultaba muy raro e intrigante una correspondencia en que el remitente estampara en forma manuscrita en el sobre la procedencia de la misiva, sobre todo en un tiempo en que esa forma comunicativa es virtualmente obsoleta por existir otros métodos más expeditos y convencionales.

Al fin pudo más la curiosidad que estas consideraciones y abrí el sobre. La escueta esquela se componía de seis renglones irregulares y torcidos dando la impresión de que el autor no se preocupó en lo absoluto de las formas, sino del asunto a tratar. Textualmente se leía:

Querido Vicente. Te conocí hace muchos años en un McDonald de esa ciudad. Si esta misiva llega a ti, por favor llámame al número de teléfono que te adjunto. Gracias, William.

Ni tardo ni perezoso tomé el teléfono y marqué el número en la misiva. Me contestó una mujer, pedí hablar con William, y cuando este estuvo en línea comenzó un rápido interrogatorio de mi parte, pues sospechaba que podía tratarse de uno de tantos esquemas publicitarios en los que tratan de timar a los inatentos. El me escuchó con respetuosa discreción y cuando le dejé hablar me relató el suceso de nuestro encuentro con lujos de detalles tales que recordé el incidente aunque en su momento no parece tener relevancia alguna. Ahora él, por uno de esos avatares del destino, se había convertido en un millonario y entre otras cosas quería ver a quienes en aquellos tiempos aciagos le habían tendido una mano fraternal, y gracias a los apuntes de su libretita había conservado mi nombre y dirección. Ahora en un tono afectuoso me pedía que formara parte de un escueto grupo de personas que al igual que yo según él formaban parte de los que a lo largo de sus andanzas le habían socorrido y él quería congregar en su nuevo emporio. Me afirmó que de aceptar su ofrecimiento para lo cual insistió con afectuosa vehemencia, él enviaría los recursos necesarios para tal empresa. Ante tan noble ofrecimiento no puse resistencia así que quedó acordado que en una semana me presentaría en Palm Springs, que era el lugar donde se encontraba "El General".

Y dicho y hecho. Tres días después deposito en mi cuenta bancaria dos mil dólares y recibí confirmación de vuelo y la hora, a más de que él había comprado el boleto. Todo parecía indicar que "El General" no había escatimado esfuerzos ni dinero en el propósito de congregar a su alrededor a un grupo de personas a las que esperaba mostrar en forma muy especial su gratitud. Fui en la fecha y la hora convenida al aeropuerto, después de los pasos de rigor, me vi levantando el vuelo hacia la incógnita, me movía más que nada volver a encontrar con aquel carácter que en un principio podía haber considerado a la ligera conceptuando como a otros tantos, personas de conflictos mentales que hacían a los caminos por rehuir el rigor de la vida en sociedad, que obliga a conformar ciertas reglas.

–El Arribo–

Nunca antes había conocido aquel lugar de cierto renombre en el estado de California. A una sugerencia de mi anfitrión llevé una cartulina con mi nombre y procedencia la cual mostré hacia todos los lados, hasta que sentí unas palmaditas en el hombro. Al voltear la cabeza fui interceptado por un asiático que me declaraba en un inglés peculiarísimo que era el enviado de William a quien yo llamaba "El General". Nos escabullimos entre la multitud y llegamos donde el Señor Cheng, ese era el nombre que mi guía, tenía en su automóvil. Durante todo el viaje el hombre permaneció en intrigante silencio, y por fin llegamos a una majestuosa mansión erigida en medio de una extensión de terreno donde podía apreciarse un jardín bien cuidado y lleno de diversas flores. En medio de aquel, como paraíso, un kiosco o "gazebo" donde charlaban algunas personas y entre ellas destacándose por su estatura el hombre que había conocido hace diez años. Su fisonomía había cambiado muy poco, excepto que ahora vestía una guayabera blanca que le daba un aire de los dueños de las plantaciones sureñas. Su cabello había emblanquecido totalmente al igual que la barba.

Yo me lo imaginaba como un profeta de la antigüedad. Me recordó a Whitman, el exquisito poeta de Long Island. Cuando me vio llegar, interrumpió la conversación y viniendo a mi encuentro me abrazó con efusividad una y otra vez me estrechaba fuerte contra su pecho aunque tuviera que inclinarse por su estatura. Nunca antes un extraño de dio muestras de un afecto a mi ver tan inmerecido como este hombre cuyo recuerdo se había perdido en la penumbra de los años. Con su brazo sobre mi hombro me llevó donde estaban sus amigos e hizo una presentación que yo consideré excedida en elogios y esperaba nerviosamente que llegara su fin. Después me pidió con cordialidad que ocupara una de las sillas y continuó una conversación que ya estaba en curso a mi llegada, cuyo tópico parece ser anécdotas y reminiscencias de su vida pasada que según él fue un período especial o algo así como Gorky Mis Universidades, en el que nutrió su espíritu de la savia de la vida y aprendió el carácter de los seres desde diferentes ángulos. Yo preferí escuchar, descubriendo a lo largo de su conversación que El General era un hombre bastante común, simple diría yo, sin las inextricables complejidades de una mente inquisitiva. Sus impulsos parecían todos más emocionales que reflexivos. Todo su carisma radicaba más en su espíritu que en el cerebro.

Hizo un alto en la conversación y volviéndose a mí me pidió que diera algunos pormenores de mi vida. Traté con la mayor brevedad posible de satisfacer su curiosidad y le relaté mi simpatía en el día de nuestro encuentro en relación con Jackson y a mi ver su increíble parecido con el héroe de Bullrun "Stonewall Jackson", gracias a una breve introducción que hice del General, a quien parecía ignorar, uno de los presentes tomó la palabra y a partir de entonces, recorrimos los diferentes escenarios de aquella guerra que produjo tantos y diferentes caracteres, de uno y otro lado de los dos ejércitos.

Pero en general, la conversación pareció aburrir a algunos y comenzaron con otros tópicos, inclusive el deporte en lo que la mayoría parecía coincidir. El Señor William, el anfitrión, era a mi ver alguien que trataba de restablecer su personalidad. Un alma simple que había sobrevivido una experiencia extraordinaria, la cual se inició en el alcohol y progresivamente en otros estupefacientes hasta llegar a cierto grado de insanía que fue el estado en que le conocí cubierto de harapos. Esta laxitud mental parece haber servido para refrenar su perdición total pues lo que la mendicidad ofrecía no era capaz de suplir la demanda progresiva de algunos vicios.

Ahora vestido de traje y afeitado y habiendo recibido algún tratamiento, su comportamiento daba la impresión de que todas sus fluctuaciones de carácter habían quedado en los penumbras de su pasado. Pero era notoria cierta patológica urgencia de demostrar a todos la excelencia de su persona y sentirse rodeado de admiradores elevaba su ego y lo hacían sentirse realizado a pesar de todos los desaciertos del pasado. Así las cosas fui poco a poco desentrañando aquel carácter obtuso en su simplicidad.

A la semana de estar allí, y después de innumerables agasajos, le anuncié al General mi deseo de volver a mis quehaceres. Entonces tomándome de un brazo me llevó a un lugar apartado y me confesó su deseo de depositar en mi cuenta una suma cuantiosa para que pusiera un negocio o simplemente viviera unos años sin preocupaciones. Me negué rotundamente a su ofrecimiento hasta el punto que le supliqué no hiciera tal cosa porque esa largueza de su parte invalidaba mi gesto de años atrás. El parecía desconcertado con mi actitud, pues ya otros habían recibido el ofrecimiento con gran júbilo. Así me despedí de aquel hombre que quedó intrigado con mi conducta y volví a mi ciudad y unos días después requerí la pluma y me dispuse a consignar estos hechos y a observar con cuidado el flujo de seres de tan diferentes aspectos y pensando ahora con más razones que nunca de que cualquiera de estos transeúntes guardarán en los anales de su memoria hechos y situaciones que si alguien pudiera escribirlas con apasionada exactitud, serían capaces de generar admiración o profunda compasión en otros. © Vicente Carballo

Amarilis
La Niña Del Vestido Azul

Como un cetáceo muerto, el viejo barco yace sujeto por gruesos cabos a los pilotes del atracadero. En el silencio de la noche lo contemplo. Al menor oleaje, las amarras sacude, como si quisiera deshacerse de sus ataduras. Por los últimos tres años, este ha sido mi domicilio, como parte de su dotación. He recorrido distantes partes del planeta. Lo he visto con ímpetu embestir las gigantescas olas del Pacífico o con apacible serenidad; en días de bonanza, surcar con la gracia de un delfín la extensión de las aguas.

Estoy indisolublemente ligado a él, y cuando mis compañeros en sus conversaciones lo menoscaban llamándolo "tortugón", "bola de herrumbre" y otros términos igualmente despectivos, me les encaro y lo defiendo como si denigraran a un amigo. Ellos sonríen y he llegado a pensar que lo hacen de adrede, sólo para mortificarme. Sí, lo admito, quizás soy demasiado sentimental, pero después de tres largos años, de innumerables experiencias, de haberme llevado como a Jonás en su vientre a gran multitud de países de exóticas costumbres; de haber contemplado desde cubierta la imponente majestad de los Andes, y el hipnótico esplendor de los hielos polares; de haber hecho contacto en el otro extremo del planeta con seres con los que se han establecido vínculos amistosos perdurables, justificarán que me niegue a verle sólo como una estructura compuesta de planchas de acero sostenidas por remaches.

Ahora estamos a punto de zarpar.
El contramaestre ha dado el anuncio, en forma tácita, con su letra menuda apenas legible.

Dos líneas sobre la pequeña pizarrita conspicuamente colgada al final de la escala que da acceso al navío: "Zarpamos mañana, 6:00am. Destino: San Lorenzo, Ecuador". La tripulación ha leído el itinerario, y se trata de un lugar desconocido. Los más diestros consultan los mapas y constatan, con desagrado, que San Lorenzo no es más que una aldea geográficamente insignificante, a la que se llega a través de un caudaloso río que le da su nombre.

Allí iríamos a llenar la bodega del "Tessala", que es el nombre de nuestra embarcación, de maderas preciosas. En realidad será una operación tediosa, pues tendremos que permanecer fondeados donde el río pierde su configuración, convirtiéndose en una profunda y ancha laguna, ya que, dado el tamaño del barco, no hay calado ni embarcadero cerca del pueblito. En barcazas han de acarrear los pesados troncos hasta nosotros, y esta tarea se calcula que podría demorar hasta un mes. Todo esto lo sabemos gracias a Alejo, el contramaestre. Pero sólo dos días después de haber salido del puerto, suponemos que no quiso darnos esta información, porque temía –con razón- que los rigores de esta expedición pudieran causar muchas deserciones por parte de la marinería, pues obviamente no se trataba de una de esas metrópolis bien conocidas por la tripulación, donde proliferan los cabarets, casas de juegos y burdeles, a los que eran tan asiduos a mayoría de mis compañeros. Para incentivar a la tripulación, prometieron un bono o gratificación, y esto fue tomado con reticencia por algunos que anticiparon que la condescendencia de la empresa más bien corroboraba las sospechas de que el viaje resultaría extremadamente riguroso. Aun así, la mayoría permaneció en sus puestos. El día siguiente se soltaron las amarras, y salimos por la bahía de

Miami hacia lo desconocido, dejando atrás la civilización y el confort.

== Vida a Bordo ==

Una vez que el barco ha levado anclas, para mantenerlo navegando es necesario que un grupo de marinos, ocupe cada cual el puesto designado por el contramaestre, que es el oficial que se ocupa de los menesteres de mantenimiento y orden de la pequeña república, que es, a mi ver, con lo que puede compararse un navío. El carácter de este individuo tiene que ser muy especial, porque él representa el vínculo complejo entre la máxima autoridad, o sea, el capitán, y el personal de todos los otros niveles. Él deberá actuar, las más veces, con una diplomacia tan sutil que dé la impresión de que está de parte del proletariado, que les apoya y defiende contra toda contingencia, y abogará por sus derechos, cuando en realidad, ante el capitán, es evidente que sus intereses son otros; que él justificará su salario a expensas de sus súbditos, a quienes perseguirá como un tábano para que se mantengan ocupados constantemente. Es de suponer que el barco no se detendrá –a no ser en caso de una emergencia-, dos dotaciones de marineros se mantendrán ininterrumpidamente en sus posiciones a cualquier hora que uno descienda al sollado. Donde se localiza el cuarto de máquinas habrá llegado, sin lugar a dudas, al punto más riguroso de todas las ocupaciones de a bordo. Y esto no es una hipérbole; una de mis primeras ocupaciones cuando hacía mis pininos como marinero, fue como engrasador en el cuarto de máquinas. Trabajo que consistía en mantener, como el término deja inferir, engrasados todos los puntos de fricción de los enormes motores. Pero esto sería muy simple, a no ser por el ruido ensordecedor que producen las maquinarias, aparejado con el sofocante calor. Y aún podemos darle una vuelta más al torniquete si incluimos las asfixiantes inhalaciones de gases de distintos tipos a los que estábamos expuestos constantemente. Sin lugar a dudas, este resultó ser el peor lugar en el que he tenido que trabajar en toda mi vida. Olvidaba aún otro agravante cuando se permanece en este infiernillo por unas horas, la vibración llega a compenetrarse tanto en nuestro cuerpo, que sentimos una rara sensación de efervescencia, como de alkaseltzer que es echado al agua, aun muchas horas después de haber abandonado este caótico lugar.

== El Personal de Cubierta ==

El pequeño ejército se ocupará constantemente de combatir la corrosión producida por el salitre, a la que está expuesta aun la parte más recóndita del navío. Piqueta en mano, recorrerán el barco golpeando las úlceras de óxido y aplicando seguidamente un poderoso anticorrosivo para combatir el herrumbre que, como un cáncer, trata de devorar la embarcación. Esta tarea no parece acabar nunca, y es la que garantiza la longevidad del barco.

== La Cocina ==

No puedo más que reseñar con brevedad las peripecias a la que está sujeta esta actividad, y que en lo de estar confinado al calor, se parece bastante al cuarto de máquinas. Es de suponer que no es una tarea fácil mantener las ollas, calderos y perolas, conteniendo líquidos y aceites en ebullición, sin que se derramen. Es tarea de malabaristas. Hay que anotar que todos los calderos están sostenidos por una cadena sobre las hornillas, pero aun así, en tiempos extremos esta prevención en muchos casos no trabaja, sobre todo cuando una ola de primera magnitud golpea por una de las bandas. Bandazos, llaman los marineros a ese fenómeno en la cocina. Lo más probable es que la mayoría de los enseres y parte de los víveres rueden por el piso. El único aspecto atractivo en esta actividad, según un compañero del mismo gremio, es que aquí no se está sujeto a la magra ración que reciben los demás.

Después de un largo y penoso peregrinaje, en el que me tocó tomar parte en las poco atractivas actividades antes descritas, quiso mi buena fortuna que dos situaciones se produjeran simultáneamente en mi provecho. Una fue que en uno de esos días en que nos hallábamos anclados en Puerto Rico y permanecí a bordo a probar suerte con los anzuelos; el resto de la tripulación, como de costumbre, había salido rumbo a la ciudad, cada cual a lo de su preferencia. El segundo al mando estaba de guardia, sólo como una formalidad, pues de acuerdo con ciertas leyes internacionales, todo barco, en cualquier momento, debe estar representado por un oficial de la empresa. El caso fue que, ese día, aunque no era muy común entablé una conversación con el "segundo" que es como se refería a él la tripulación. Y es de anotar que rara vez la oficialidad tiene contacto con los marineros. Este extraño comportamiento, quiero pensar que se debe más que nada al interés de mantener cierta reserva que haga imposible la demasiada familiaridad entre los subalternos y la jefatura, para que en caso de una situación crítica, los órdenes sean tácitamente obedecidas. Desde luego, esto lo infiero porque en todos los navíos en que he navegado, el compartimiento de la oficialidad ha sido análogo. De todas formas, séase porque estábamos solos a bordo, o porque mi carácter más bien huraño le inspiró cierta confianza, se entabló el diálogo.

Supe que era de la Coruña, puerto al norte de España. Que se había iniciado en la vida marinera desde muy joven. Hablamos de algunas generalidades, aprovechando para expresarle mi vocación desde niño por llegar a capitanear un barco; lo que me había llevado seis años antes a ingresar a la marina de guerra, donde había aprendido algunos rudimentos de navegación, como el sextante, a plotear rumbos en las cartas náuticas, y otras generalidades que tenían la deliberada intención de impresionar al oficial, para que me tuviera en cuenta, en caso de encontrar algún uso para estas cualidades y, en efecto, uno de los timoneles había desertado y esa fue mi oportunidad. Pareció que le comunicó al capitán de nuestra conversación, y fui llamado dos días después al puesto de mando. Una vez allí, hablé por primera vez con el capitán. Parecerá extraño para alguno pero, como he señalado antes, traté de explicar a mi manera las razones para esta rara conducta en tres años. Era la única ocasión en que sentí que dejaba de ser una estadística laboral.

La conversación fue breve, concisa y concerniente exclusivamente con el trabajo que se me iba a asignar. A partir de ese día acompañaría al timonel como aprendiz, hasta que éste me considerara apto para ocupar la vacante. Dos días después, entré en funciones. El segundo al mando me aleccionó una vez más de la importancia de estar alerta tratando de mantener el rumbo con la mayor precisión posible, observando cualquier imprevisto para notificar inmediatamente al capitán, cuyo camarote estaba contiguo al puesto de mando. El único aspecto que debía tenerse en cuenta era el de que el gobernalle de un barco de gran desplazamiento como el nuestro, no responde con la presteza de un automóvil, en otras palabras que cuando corriges un rumbo, dando vueltas al timón diez grados a la derecha, inmediatamente que notes que la proa se mueva en esa dirección, tendrás que mover el timón en sentido contrario cinco o diez grados más que el rumbo anterior y así de una a otra latitud constantemente. Pero esto, que parece teóricamente complejo, en la práctica no lo es. Después de algún tiempo llega uno a sentir cierto orgullo pueril de que una estructura tan grande y poderosa tenga que obedecernos dúctilmente.

Ya instalado en mi flamante puesto de trabajo, mi vida empezó a dar un cambio a mi favor. Se me asignó un nuevo camarote junto al puesto de mando y, eventualmente empecé a disfrutar de otros beneficios inherentes a mi nueva profesión; tales como participar de la comida que servían a la oficialidad, totalmente distinta al rancho que comía el resto de la tripulación y no estar casi todo el tiempo expuesto a la intemperie y las inclemencias del clima. Disponer de mucho tiempo para pensar, ya que esta ocupación si se ha aprendido a usar cierta capacidad bipolar del cerebro que es capaz de discernir entre dos actividades bien definidas, una de orden práctico y la otra abstracta; en otras palabras, que se puede realizar mecánicamente una función mientras otra parte se ocupa de vagar como una mariposa caprichosa por el mundo de las abstracciones. Y este aspecto tenía para mí un irresistible encanto.

Cuántas horas de placer contemplativo, observando los albatroses con sus gigantescas alas majestuosas volando a la par del barco con asombrosa aerodinámica. Planeando para conservar energía, buscan el resguardo de las embarcaciones y, sintiéndose amparadas, nos acompañan por días. Cuando sienten hambre, hacen breves incursiones por los contornos, y como son sagaces pescadores, no demoran en regresar a nuestro curso. Durante la noche se les ve durmiendo sobre los mástiles. Con el tiempo uno llega a verlos como parte de nuestra vida marinera. Otro espectáculo digno de mencionarse son los peces voladores que, ante la inminencia de peligro, activan un increíble mecanismo de sobrevivencia, logrando alcanzar bajo las aguas, increíbles velocidades que les permite salir con gran impulso y planear cientos de metros. Esto se repite con mucha frecuencia, dándonos a entender el grado de violencia que existe debajo de las apacibles aguas.

Muchos de mis compañeros se quejaban del aburrimiento a pesar de que los mantenían constantemente activos. Pienso que a más de esto se trataba de una abrumadora sensación de claustrofobia, pues una vez que abandonábamos el puerto, quedaba uno inexorablemente confinado a las latitudes metálicas del navío. Para algunos esto resultaba insoportable, y abandonaban la navegación por algunos meses para volver a los barcos como si fueran víctimas de un inescrutable sortilegio. Para mí, aquel universo móvil resultaba entonces el epítome de todos mis sueños. Allí gozaba en mi nuevo puesto de tiempo para leer. Tenía asegurada mi vivienda, comida y recibía cada mes el dinero necesario para permitirme ciertas indulgencias, pues por entonces no había contraído los insoslayables compromisos que me pondrían en el vórtice de un torbellino del que nunca lograría escapar del todo.

Por ahora estoy de pie detrás del pesado timón del Tessala. Navegamos por el Atlántico; el día es de borrasca y es casi indescriptible la magnitud de las gigantescas olas. Afortunadamente, la impresión terrorífica de que el navío será envueltos en ellas y tragados por las profundidades del abismo.

110

No es más que una ilusión óptica. El Tessala, contra todo pronóstico, hundía con la proa la masa líquida y ascendíamos casi verticalmente hasta la cúspide de la ola para descender blandamente como un copo de nieve, repitiendo hora tras hora esta función hasta que se tornaba en algo rutinario. Así transcurre la vida abordo. En tres días nos encontramos fondeados entre gran multitud de embarcaciones esperando nuestro turno para atravesar del Canal de Panamá. Gracias a este portento de ingeniería, los navíos pasan del Atlántico al Pacífico, y viceversa, en cuestión de horas. Antes de existir esta alternativa, se navegaba por muchos días, quizás meses, para efectuar este paso de un océano a otro. Aquí la estadía resulta las más veces desesperante, pues depende del orden en que se va llegando, y a veces llegué a contar ochenta y hasta cien barcos anclados a la desembocadura del canal. Para matar tiempo, nos poníamos a pescar, lavar ropas y leer. El paso de las tres reclusas o compuertas también resulta tedioso. Una vez efectuada esta operación, navegará cerca de una hora por·el ancho canal que, como una boa, se retuerce de un lugar a otro entre elevadísimos acantilados que evidencian la temeridad y el poder del hombre domeñando lo más rudo de la naturaleza a sus intereses; sin duda alguna, algo admirable en el proyecto del canal. Pero volvamos a nuestro rumbo. Una vez en el Pacífico, nuestro capitán ploteó rumbo y nos dirigimos al suroeste, rumbo a Esmeralda, en el litoral ecuatoriano. Así navegamos por algún tiempo hasta situarnos a cierta distancia de la desembocadura del San Lorenzo, río que enmarca los límites entre Colombia y Ecuador. Debido a la deficiente información acerca del calado de esta zona en las cartas náuticas, caímos en un bajo, o sea, lugar donde el casco del barco toca fondo. Este incidente, que pudo haber tenido consecuencias desastrosas, no las tuvo, gracias a que el fondo no

111

era rocoso. Pero aun así, recuerdo que para salir del atolladero, el capitán recurrió a medidas extremas, como usar toda la potencia de los motores y, mientras yo en la proa tiraba una sonda constantemente, midiendo la profundidad, recuerdo que las hélices –pues el navío tenía dos- revolucionadas a estos extremos, levantaban montañas de lodo negro y pestilente, y el viejo barco se estremecía como una bestia herida, a tal punto que temíamos que se soltaran los remaches que unían las planchas. Por fin fuimos encontrando más profundidad, y fue del parecer de la oficialidad que debíamos permanecer al pairo y reclamar la presencia de un práctico. Unas horas más tarde, hizo su aparición el guía. Éste venía en una gigantesca canoa, que resultó ser un tronco ahuecado, al estilo indígena. Después vi muchas otras, aun de mayor tamaño que la que trajo el práctico a bordo. Este individuo me impresionó; a simple vista parecía un gallego, regordete y cubierta la cabeza por una boina negra. Largos mechones de cabellos grisáceos le cubrían las orejas y, como si se tratara de un alto dignatario –en realidad lo era-, saludó a la oficialidad, y con un acento fuerte que no pude identificar, les comentó que no nos esperaban hasta el día siguiente. Y, acto seguido, comenzó a dar algunas indicaciones, observando que habían equivocado la entrada al río por más o menos una milla. El capitán lo trataba con deferencia inusual, teniendo en cuenta que era un hombre 'reseco' –valga el vocablo-, pero sin duda alguna, el haber salido con bien del trance de la víspera y la sensación de seguridad de tener a un experto de la zona a bordo, le ponía de buena disposición. En un par de horas navegamos por el ancho río. El práctico, como un guía de turistas, iba describiendo el territorio con lujos de detalles. De vez en cuando hacía leves correcciones o alertaba de un posible peligro. Supimos, confirmando las palabras de Alejo, el contramaestre, que hacía seis o siete años que el último navío de gran calado había surcado aquellas aguas. Yo observaba a hurtadillas al que creí español y que en realidad era italiano. Traía unas polainas que le llegaban hasta las rodillas. Del cinto colgaba un machete con una funda de elaboradas grabaciones. Alejo le picó la lengua y supimos que era italiano; que hacía años fue comerciante en Guayaquil, pero la vida le resultó muy aburrida y vendió sus negocios para internarse en la selva en busca de aventuras y fortuna. Sin duda alguna, un personaje interesante. Ya para entonces sentía la casi necesaria curiosidad de llegar a conocerle mejor, pues estaba seguro de que no se trataba de un hombre común. Esa oportunidad se daría unos días más tarde en la pulpería de Amarilis, la heroína de esta historia.

Recuerdo que durante la travesía, aunque íbamos cautelosamente lento, el barco desplazaba en gran volumen el agua hacia las márgenes del río, y podían verse gran cantidad de caimanes y raros mamíferos que no había visto nunca. Guacamayos y otras aves de coloridos plumajes que me hacían pensar que nos adentrábamos al paraíso terrenal. ¡Cuánta belleza! Con los mejores augurios estaba casi seguro de que lo mejor estaba por venir. Por fin, después de unas horas, el río fue perdiendo su configuración hasta convertirse en una ancha laguna en medio de la cual fondeamos. El capitán y el contramaestre descendieron y subieron a la canoa del práctico, de seguro a cumplir con los protocolos de rigor. Unas dos horas más tarde regresaron a bordo, y fue entonces que se nos permitió bajar a tierra.

Para entonces el pueblito era un hervidero de curiosos que salían a las calles para vernos y darnos la bienvenida. De hecho, esa tarde, al saber nuestro arribo, habían preparado una festividad, pues nuestra llegada resultaba un acontecimiento extraordinario. Los niños se nos acercaban y nos observaban con curiosidad, y algunos, los más avispados, nos hacían preguntas; que de qué país veníamos, que si hablábamos en español, etc. Lo que más me impresionó fue la paupérrima pobreza en la que vivían aquellos aldeanos. La mayoría indios que, por sus trajes, parecían proceder de distintas etnias o tribus. Algunas mujeres cargaban sus críos sobre la espalda, dejando al descubierto sus pechos con la mayor naturalidad. Rara vez hacían contacto visual con nosotros, más bien rehuían nuestra presencia, o por timidez o por un rechazo ancestral que les recordaba la tradición oral del drama del contacto con otras razas y las consecuencias desastrosas de los europeos en tiempos de la conquista. Otros parecían más accesibles. Después supe que algunos sólo venían al pueblo a comprar o vender sus tejidos, que eran un portento de coloridos diseños y otras expresiones de arte folclórico, pero siempre tímidos, suspicaces, inaccesibles. Esa tarde, casi toda la marinería en tierra nos dirigimos por una ancha avenida de lajas de piedra hasta la placita central de la aldea, donde se daban cita, no sólo los habitantes del villorrio, sino muchos visitantes de otras comarcas y los ejecutivos del aserradero que habían organizado el jolgorio. Tocaba una banda musical música folclórica, y mujeres ataviadas con trajes de vivos colores realizaban danzas indígenas con asombrosa maestría. Habían decorado con pencas de palmas y listones, y suspendido sobre el alero del kiosco, donde se hallaban los músicos. Un rótulo con renglones medio torcidos donde se leía: "Bienvenido Vaporinos".

Yo reflexionaba en lo paradójico del hecho; cuántas veces habíamos arribado a otras partes del mundo donde nuestra llegada pasaba poco menos que desapercibida –excepto por las autoridades portuarias de rigor–; metrópolis donde no éramos más que una estadística naviera, un barco más entre otros tantos. Los taxis esperando en fila, seguros de que verían descender por la escala a la marinería ávidos de ser conducidos por los antros de sus preferencias. Algunos tan incautos que dejaban gran parte de sus salarios en las mesas de juego, en las botellas y en el elástico de los bikinis de las cabareteras que les hacían creer que eran únicos, y los embaucaban para sacarles lo más posible en el tiempo más corto. Cuando se emborrachaban, fanfarrones echaban más rápido el contenido de sus bolsillos sobre las mesas, y entonces, despojados de cualquier atractivo las mujeres no se le acercaban, y ellos, impertinentes, reclamaban la misma atención de la víspera; entonces entraban en función los guardias de seguridad, musculosos e intransigentes que, sin contemplaciones, los sacaban a empujones del local y sanseacabó. Llegaban en taxis al barco suplicando que se les prestara lo suficiente para pagarle al chofer, que las más veces reclamaba más de lo debido, aprovechando las circunstancias. Los que no llegaban, muchas veces corrían con peor suerte, pues pegaban sus camorras tras las rejas desde donde no dejaban de llamar pidiendo ayuda. Y lo más desconcertante es que esta absurda conducta se había convertido en un círculo vicioso. Era de oír los relatos durante las travesías, todas con un común denominador: Haberse quedado sin plumas y cacareando. ¡Ay, pobres diablos!

Ha comenzado la celebración.

Abundan las botellas, el puerco asado y otros manjares para mí desconocidos. Observo desde cierta distancia, pues nunca he sido dado a estos esparcimientos, y en eso del baile tengo la gracia de un paquidermo. Me es más atractivo observar el comportamiento humano en estas instancias, y debo confesar que esta inhabilidad para la danza me viene de una reflexión juvenil, cuya apreciación pienso me causó cierto trauma, imposibilitándome para esta actividad. Todo ocurrió cierta vez cuando me acercaba a un baile de una prima que cumplía sus quince, y como se celebraba a la intemperie, observé las figuras contorsionándose, cuando aún no podía oír la música y me pareció grotesco ver desde lejos los movimientos que parecían absurdos, y desde entonces no me fue posible sentir la menor atracción por el baile, aunque reconozco que tiene sus aspectos positivos; sobre todo, resulta un gran ejercicio. Pero debo volver al meollo del relato. Aquí en este remoto lugar somos agasajados, y nos sentimos tratados con tal deferencia, que todos empiezan a sentir sentimientos afectuosos por los lugareños. Con el curso de los días, esta familiaridad se irá estrechando hasta tocar aun los corazones más reacios e indiferentes. Se van dejando arrobar por las muestras afectivas de los aldeanos. Yo, por mi parte, visitando uno de los establecimientos del lugar, que podría compararse con una pulpería donde concurren caracteres muy disímiles a negociar sus mercancías y comprar objetos y comestibles. El sitio me resultó atractivo por la diversidad de pájaros enjaulados y costales conteniendo nueces, semillas y gran variedad de otros productos, para mí desconocidos hasta entonces. Sobre el mostrador yacen telas coloridas y prendas de vestir, confeccionadas con plumas de aves exóticas y alas iridiscentes de mariposas, amén de una casi indescriptible cantidad de objetos rituales que desconciertan a la mente más inquisitiva. La dueña es una india. La impresión que me causó al verla fue de que se trataba de una persona de carácter taimado, ahorrando las palabras a lo máximo. Cuando entré al establecimiento, enseguida se me acercó, y con un español de un acento peculiarísimo me preguntó:

-Señor, ¿en qué puedo servirle?

Le respondí que sólo observaba su mercancía. Volvió a ocupar su puesto junto a la caja registradora, y desde allí me seguía con la vista disimuladamente. Aparecieron alguno que otro cliente, y fue entonces que se produce la primera oportunidad de presenciar a la personita que ha dejado uno de los recuerdos más perdurables en mi vida, y por quien, temiendo que el paso del tiempo que todo lo transforma y desvanece haga conmigo lo inevitable, he querido dejar constancia de aquel encuentro memorable en estas páginas. Prefiero recordarla como aquel día, de pie, sobre un banco, moviendo con inaudita destreza los contrapesos de la pequeña escala. A sus seis anitos daba la impresión de una precocidad inadmisible. La madre no intervenía para nada, como si tuviera la más absoluta seguridad de que la niña podría efectuar la transacción con la mayor regularidad.

-Son seis sucres, señor -el aludido le hacía entrega del importe y ella envolvía diestramente la mercancía en una hoja de papel de traza, lo cual doblaba con un acto casi mecánico, convirtiéndole en envase práctico.

Durante el tiempo que duró la operación, permanecí extático; no dudé ni por un momento que era testigo de un caso insólito, y busqué enseguida una excusa para acercarme a ella. Así que tomé unos mangos y me presenté ante la niña prodigio. Antes de dar por terminada la compra, aproveché para hacerle algunas preguntas:

-¿Cómo te llamas?
-Amarilis.
-¿Qué edad tienes?
-Seis años, señor.
-Eres una niña muy inteligente.

117

Ella sonrió pícaramente, como que estaba convencida del hecho. Como queriendo deslumbrarme aun más, me dijo:

-Yo sé leer.

A estas alturas mi admiración era incontenible. Pensé por un momento que no fuera hija de la encargada de la tienda quien, en realidad, era la dueña. Amarilis tenía la cabellera rubia, y sus ojos de color verde claros; tez más bien blanca. Más adelante, en pláticas sucintas, cuando pude ganarme la confianza de Eva, su madre, que esa fisonomía que tenía tan poco parecida con ella, o la rama indígena de la familia, se debía a que el padre de la niña resultó ser un irlandés que, según explicó ella a su manera, había visitado aquellos parajes buscando bichos, tratando de esclarecer el enigma, se refirió a los escarabajos, avispas, arañas y un sinnúmero de alimañas. Entonces me aclaró que era un sabio, que por eso Amarilis era como era, porque había salido a su padre, con el cual ella había vivido algunos años como pareja. A partir de aquel día, me hice asiduo visitante del emporio.

En uno de los anaqueles, entre latas de frijoles, leche, sardinas y otros productos, podían verse dos hileras de libros viejos y algunas libretas que supuse debieron pertenecer a su difunto esposo, el que, según ella, había muerto de fiebre palúdica, o la picadura de algún insecto. Un hermano viajó desde Dublín y se llevaron el cuerpo, amén de algunos efectos personales. Al principio se intercambiaron algunas cartas con la ayuda de alguien que hablaba español, pero poco a poco todo se fue volviendo silencio. Una tarde, no pudiendo controlar mi curiosidad, le pedí que me permitiera ver algunos de aquellos libros empolvados. Ella accedió sin ninguna objeción, permitiéndome pasar detrás del mostrador, donde fui extrayendo, uno a uno, los polvorientos ejemplares. Entre ellos, algunos llamaron mi atención: "Recuerdos Entomológicos de Fabre", "El Origen de las Especies, Darwin", "Memorias del Barón de Humbolt". Aunque por entonces se había despertado en mí la inclinación por estos estudios, no me quedó la menor duda de que, fuera quien fuera aquel hombre, se trataba de un ser de inteligencia superior.

En uno de los cuadernos habían apuntes, para mí ininteligibles, pues aun mis incipientes nociones del inglés, que era el idioma usado en los escritos, no me permitían descifrar el contenido. Pero a juzgar por las ilustraciones magistralmente diseñadas, pude inferir que se trataban de exposiciones profesionales precisas. Recuerdo la descripción anatómica de un escarabajo rarísimo, al cual había dedicado dos páginas en sus apuntes. Le expresé a la señora mi admiración por su difunto esposo, y en subsecuentes días leí otros tratados, o más bien, recorrí con la vista el contenido, descifrando una palabra aquí y otra allá, dentro de mis limitaciones. Cada tarde, cuando llegaba al pueblo, mi mayor placer era ir a la tienda y conversar con Amarilis, descubriendo entonces, refiriéndose a la madre, con el alto grado de conciencia desarrollado en aquel cerebro prodigioso, como recordaba con exactitud detalles de conversaciones que habíamos tenido días antes.

Cuán inquisitiva era. Una tarde le dije:
-Amarilis, te voy a recitar una poesía bellísima, y si te la aprendes antes de que el barco zarpe te voy a dar cien dólares. Pareció por un momento como abstraída, y volviéndose a mí me dijo:
-Cien dólares serían mil ochocientos sucres.

119

Quedé maravillado antes su capacidad deductiva. Entonces, refiriéndose a la madre con alborozo, le aseguró que iba a ser rica. A partir de aquel día, habiéndole hecho una breve reseña del autor, comenzó una a una a memorizar las estrofas en el orden en que se las iba dando.

Un domingo llegué temprano a la tienda. El lugar estaba muy concurrido. Entre el gentío avisté al práctico italiano, y como para entrar en conversación, le pregunté si él creía que zarparíamos para el fin de semana. Me aseguró que así sería, pues ya el aserradero tenía casi lista la madera para completar el cargamento. Seguimos hablando de generalidades y la conversación entonces tomó un giro hacia lo personal. Me confesó que de no ser por lo de nuestro arribo, aquel pueblo era muy aburrido. En un punto le pregunté cuántos años hacía que había salido de su natal Italia. "Creo que fue por el 53", me respondió, añadiendo que había nacido en Turín, de una familia más o menos de buena posición. Que se pudo haber quedado junto a los suyos, pero que su espíritu aventurero le marcó otro rumbo, y que, exigiendo a su madre, que había enviudado hacía poco, la parte de la herencia, como el hijo pródigo, abandonó sus predios. Viajando extensivamente disipó su caudal, al punto, que se vio al final trabajando en los olivares de Andalucía. De allí tomó un barco como marino y viajó a Argentina. Yo le oía casi con reverencia, y pensaba cuán afines resultaban nuestros caracteres. Creo, sin lugar a dudas, que podríamos continuar hablando sin interrupción por meses. Su apellido era Tamagno. Recordé el tenor de principio de siglo, y como ambos resultaban de la misma región, le pregunté si existía alguna relación de familia entre ellos. Esta observación abrió la caja de Pandora, pues contestó afirmativamente y le sorprendió que yo tuviera conocimiento del cantante de ópera, bien conocido por sus audacias vocales por los albores de este siglo. En este punto, nuestra plática tomó este giro, y como yo casi desde niño había sido iniciado en el mundo operístico por mi hermano Blas, pude hablar con soltura sobre el tópico. Ambos teníamos nuestra predilección por los líricos. Tagliavini, Gigly, Schipa y otros tantos. Así que departimos con placer acerca de nuestra afinidad, y como ocurre con frecuencia, la amistad se precipitó al descubrir sucesivamente que existían tantos puntos de convergencia en nuestros caracteres, a tal punto, que me invitó a su oficina que también le servía de domicilio. Una vez allí, le extrajo de una vitrinita una botella de vino, y en dos copas de color violáceo sirvió el aromático licor. Confieso que, aunque siempre he sido un abstemio intransigente, la emotividad del momento me obligó al convite por no contrariar a aquel hombre en cuyos ojos brillaba una súbita chispa de júbilo, que temí sofocar con la menor objeción. Seguidamente, tomó de una repisa un viejo disco de 78 revoluciones, y sacudiéndole el polvo ligeramente, lo puso en un viejo tocadiscos, y en breve, desde el fondo de la estática, se escuchó una voz dulce y poderosa, en la famosa romanza de Rigoletto: "Bella figlia del amore". Sin duda se trataba de una de las voces más bellas de todos los tiempos: Gigli. Entre sorbo y sorbo, oímos y departimos sobre asuntos varios por más de cinco horas, al cabo de las cuales se había consolidado entre nosotros un lazo de estrecha amistad. Quedamos de reunirnos en otra próxima ocasión. Por muchas razones eso no ocurrió, pero a partir de entonces, donde quiera que nos encontrábamos su trato fue afectuoso. Ahora me hablaba las más veces italiano, aunque conocía mi marcada deficiencia en la lengua de Dante. "Caro Vinzenzo", me decía, y yo pensaba que no me había equivocado al pensar hacía unas semanas que aquel carácter podría resultar interesantísimo, pero la realidad excedió mis expectativas.

Para entonces, Amarilis memorizaba la última estrofa del inmortal poema del Apóstol, que es como llamamos en Cuba a Martí. Un día, antes de la partida, día intenso, cargado de emociones fuertes, le había prometido a la "Sherley Temple" ecuatoriana, que le compraría un vestido. Y en pocos días había aprendido que si se le prometía algo, sería mejor que lo cumpliera, porque ella no quitaría el dedito del renglón, recordándonos continuamente el compromiso. Así me personé temprano en el negocio, y después de haberme detallado con cuatro renglones menudos qué talla debía tener el vestidito, me orientó en una de las dos tiendas del pueblo donde, según ella, vendían la ropa más bella. Con estas indicaciones, eché a andar calle arriba hasta dar con el establecimiento en cuestión. La encargada me mostró solícita gran variedad de prendas de vestir para niñas, pero no fue difícil para mí seleccionar un, a mi ver, precioso vestidito azul, con vuelos de tul y tres mariposas multicolores, que parecían levantar el vuelo una tras la otra. Hecha la selección, lo pusieron en una cajita de cartón envuelto elegantemente, y salí convencido de haber hecho la mejor elección. Cuando ella me vio llegar, había en sus claros ojitos una chispa indescriptible de alborozo. Tomó la caja y, como Pandora, no pudo resistir la curiosidad, y comenzó a desgarrar la envoltura. Extrajo el vestido e hizo un gesto de sorpresa, como si fuera la primera vez que veía un regalo. Lo tomó y se lo probaba por afuera de la ropa, al tiempo que le preguntaba a su madre:
　　　-¡Di madre! ¿Cómo me queda? –y una y otra vez formulaba la misma pregunta. Yo le aseguraba que se le iba a ver precioso.
　　　-¡Ve y póntelo! -le aconsejó la madre.

Y ni tarda ni perezosa se escabulló en la trastienda, y unos minutos más tarde, con gran pompa, como si modelara, hizo su aparición, haciendo algo así como una reverencia palaciega. Los que estaban allí como clientes quedaron sorprendidos por la rara desenvoltura de la niña. Yo no podía contener mi admiración. La levanté en brazos y sentí que estaba en presencia de un ser extraordinario al escucharle algunas veces a un raro sobrecogimiento, como si una vieja entidad hubiera ocupado aquel frágil cuerpecito. Sin duda alguna, en su presencia, se iba del éxtasis al suspenso constantemente.

-Bueno, mi niña, mañana es el gran día.

Vendré temprano para oír tu declamación, acompañado de algunos amigos -pues ya había invitado a dos o tres de mis camaradas, a quienes había puesto al tanto de las raras características de la niña.

Al día siguiente, en que debíamos partir sobre las once de la mañana, ya estábamos yo y mis acompañantes listos para oír a la heroína de este relato. Algunas personas merodeaban por el emporio, unos comprando y otros tratando de vender sus variadas mercancías, pero como temí que estos mercaderes se incrementaran, pedí a Dina Eva respetuosamente que si podíamos hacer un breve paréntesis para que la niñita nos recitara la poesía. Ella estuvo de acuerdo y los contertulios nos agrupamos alrededor de un cajón de madera que debía servir de podio. Subió Amarilis a él radiante. Su madre la había ataviado con cintas, dos trenzas como rayos de sol, y su vestidito azul largo que la hacía verse como una diminuta vestal sobre su improvisada plataforma. Me adelanté e hice una brevísima presentación de la pequeña artista y, acto seguido, comenzó ella sin el menor titubeo, una a una, a desgranar sobre el solemne suspenso de los concurrentes, las bellas estrofas de los "Zapatitos de Rosa". A medida que saltaba de un verso al otro, ponía énfasis aquí o dolorida impresión allá. Fue impresionante aun para aquellos que no son muy dados a estas expansiones estéticas. Al final, habiendo consumado con absoluta coherencia las 36 estrofas del poema, todos aplaudieron frenéticamente a la declamadora. Fiel a lo prometido, le hice entrega de un sobre donde, a más de un flamante billete de cien dólares, le había adjuntado una pequeña esquela en la que, con la mayor sencillez posible, le expresaba mi admiración:

«Amarilis, hay cosas que apenas pueden expresarse; el haberte conocido y la experiencia que tu excelsitud y rara inteligencia me han producido son de esta naturaleza. Cuando crezcas y puedas leer estas cuartillas, quizás comprendas la huella profunda que tu ternura e inteligencia dejaron en un ser que iba de paso. Tu amigo, Vicente.»

Acto seguido, tomamos la Polaroid y quedó sintetizado aquel momento mágico. Para entonces, era imperativo que regresáramos a nuestras obligaciones. Tomamos rumbo al muelle. El lugar se abarrotaba de aquellos que deseaban ver partir al Tessala; casi el total de la tripulación, incluyendo a la oficialidad, se encontraba presente. A poco llegó otra comitiva con la banda musical. Se fueron congregando las personas y, para mi sorpresa, apareció la estrella de primera magnitud del pueblo. Amarilis venía acompañada de su tía. Como pude, la hice pasar al extremo del muelle. La música había comenzado. La mayoría de mis compañeros venían acompañados de las amistades que habían formado con los lugareños en los días que duró nuestra estadía, y en algunos casos era evidente que había florecido el amor entre algunos marinos y alguna que otra belleza del lugar; así que es de imaginar que el ambiente estuviera cargado de emotividad.

Llegó el momento crucial; uno a uno fueron descendiendo a las canoas. Tomé a Amarilis en brazos y le prometí que le escribiría y le enviaría postales desde cualquier lugar del mundo en que me encontrara. En el último momento, sus dos bracitos me rodearon el cuello en un abrazo de despedida. Por entonces, yo no había tenido hijos, pero les aseguro que la manifestación de aquel tierno afecto me anticipó inequívocamente ese sentimiento. Sobre la canoa, vi a aquella muchedumbre, sobrecogido el corazón por un sentimiento nunca antes experimentado. Amarilis no dejaba de agitar en el aire su pañuelito. Llegamos a bordo. Empezamos a levar anclas. Una nube negra de humo fue ennegreciendo los contornos a medida que las máquinas aceleraban para romper la inercia del buque.

Poco a poco, la proa hendiendo las quietas aguas del lago, nos fuimos alejando de aquel rinconcito remoto que al principio nos pareció insignificante, y ahora nos desprendíamos de sus habitantes con el dolor de una uña que se desprende de la carne. El Tessala, a manera de connotar su partida, estremeció con dos silbatazos la quietud de la selva virgen. El eco se enredó por entre los cañones de las montañas circundantes. Debía haber sido algo festivo, pero dadas las circunstancias, más bien parecía un doblar de campanas. Frente a nosotros, la canoa gigantesca guiada por Tamagno marcaba el derrotero. Acodados en las barandas de popa, los tripulantes, cabizbajos, como queriendo guardar con precisión fotográfica la visión de aquel momento, permanecían mudos. La multitud sobre el muelle se fue empequeñeciendo. Pude, con ayuda de los binoculares del puesto de mando, observar los pañuelos agitándose en el aire, antes de que el río hiciera un giro brusco y obstruyera para siempre aquel pequeño grupo de seres humanos, a los que quedábamos inexorablemente vinculados para siempre.

Pero el tiempo conspira constantemente contra lo que el hombre llama 'siempre', cuando su vida resulta, en realidad, muy breve, en la perspectiva de lo eterno. Con los años, algunas cartas, promesas, añoranzas, y después, recuerdos, muchos recuerdos, hasta que los silencios se van haciendo más largos, y todo parece diluirse en la infinita perspectiva del tiempo. Hoy ha pasado casi medio siglo. Yo soy apenas la sombra de aquel mozo que ha querido, antes de que sea demasiado tarde, consignar en estas hojas esta historia pequeña, donde no parece ocurrir nada extraordinario, si no se tiene en cuenta que a veces –las más veces- lo más trascendental es el recuerdo de un día de lluvia, de un domingo y un simple adiós.

Si tú supieras, Amarilis, cuántas veces he soltado mi imaginación, creando a mis antojos los diferentes escenarios del curso que pudo tomar tu vida, cualquiera que haya sido. He rogado a Dios por tu bien. Supongo que por tu precoz inteligencia no serías en este sentido como las demás niñas, y que hayas escalado los peldaños de la notoriedad y el éxito, pero esto me lo dicta el cariño con el que te recuerdo.

Hasta hace unos años guardé tu foto; descolorida y maltrecha. Un día, lamentablemente, la extraje de mi cartera cuando estaba sobre cubierta, y un golpe de viento me la arrebató. La vi con indescriptible dolor perderse entre las convulsas aguas. Pero puedes creerme que de haberla visto tantas veces, ahora basta con cerrar los ojos, y te veo como aquel día, con tu vestido azul sobre el podio improvisado, con tus trenzas como rayos de luz, y aquellos ojitos tuyos, por los que se asomaba un ángel de Dios; y al dorso, tus renglones torcidos:

«Para mi amigo Vicente, de Amarilis. 1966»

127